魂の視線

～光の教師からあなたへ
真実のメッセージ

Ölçer Ramazan

新しきものは、
常に古きものを弱体化させるか、
消滅させようとすることで自らを強化する。
古きものは、
後からやってきた新しきものの手本となるために
存在し続けようとする。

感謝の言葉

私という人間を創造し、かつ守ってくださっている神に感謝。
生前、アストラル界において私が両親として選び、
そして私を子として認めてくれた母と父に感謝。
アストラル界でもこの世でも、私を一人にせず私と共にあり、
私を育ててくれる我が師である光の教師たちに感謝。
本書の翻訳においてその才能を存分に発揮してくれた翻訳者の磯部加代子氏に感謝。
本書の内容を明示するかのような絵を、本書の表紙のために描いてくれた
妻のオルサー・和美に感謝。
我が師である光の教師たちが選んだ私のアシスタント、
妹のエミネ・オルサーに感謝。
これまでに私が知り合い、
かつ何らかの手助けをさせてもらってきた人たちそれぞれに感謝。
本書に目を通し適切な意見をくださった湯山玲子氏に感謝。
細かいところまでいろいろと協力くださった小林正宏氏に感謝。
本書を手に取り読んでくださった、
あるいはこれから読んでくださる読者のそれぞれに感謝。
本書のために尽力してくださった、
あるいは尽力してくださる全ての人に感謝。

はじめに

私は、光の教師たちや聖人たちに誘われる形で本書を執筆しようと思い立ちました。その目的とは、人間の創造、オーラ、肉体、エネルギーなどの様々なテーマを明確に説明し、読者の皆様に幸せに暮らせる生き方をお届けすることであります。

さらにそれぞれのテーマの質を落とさず、誠意をこめて真実を示すことで、これらのテーマによって生じている様々な混乱状態から、研究者の皆さんを解放することにあります。

また本書を読むことで、皆さんが生まれながらに持っている感覚を研ぎ澄まさせ、それによってご自身に対する信頼をもたらすことも目的としています。

アストラル界というのが存在します。人間は、アストラル界でガイド役からあらゆる情報を教えてもらっているのですが、この世に戻るとそこで教わった情報を私たちは忘れさってしまいます。

そもそも、私たちがアストラル界に連れて行かれるのは、寝ている間の出来事です。ところが、この世には選ばれた人たちというのが存在し、これらの人たちは目覚めている間に連れて行かれます。

アストラル界の時間の流れは宇宙の時空であり、アストラル界こそが真実の世界です。人間として十分なレベルに達して選ばれた人たちは、起きている間にアストラル界に連れて行かれ、思考の形だけを使って、周囲で起きている出来事や自分にまつわる出来事に介入するチャンスを得ることができます。

全ての人間は、アッラーの前では平等です。そのように人間は神によって創造されています。偉大なる神は人間が辛抱強ければ、その望むところを全て与えてくださいます。ただし、信仰心があるかどうかが重要なカギとなってきます。

私たちが「この世」と呼ぶところの真の姿は、神の神殿のことです。神とともに私たちが存在し、生きているということを理解することで、人間は神に加護《かご》されるのです。

人類は存在した瞬間からこのかた、常に超自然的な力に興味を持ってきました。時には、そのような力に闘いを挑みもしました。

人間は生きている間に成功を望むものですが、成功するか否かは、まずもってその人の行い次第です。もし、何事かをやる場合、心の底つまり魂の奥深くから取り組めば、あなたは間違いなく成功するか、何らかの手ごたえを得るはずです。ただし、その行動が善意に基づいたものでなければならないし、神への信仰心も心からのものでなければ成功しません。

それでも、思い通りに物事が運ぶまでには時間がかかるかもしれませんし、途中で放棄してしまう人もいるかもしれません。最初に希望を抱いたその日のように、いまだ熱意にあふれているかどうか、試されるようなこともあるかもしれません。

そのときこそが正念場《しょうねんば》です。たとえ弱っていたとしても、最初の日々のパワーが残っていなくても、諦めてはいけません。

あなたが誠実であれば、神はあなたの望みを叶えてくださいます。全身全霊で、あなたの中の信じる力を信じてください。と言って、誰もが誠実でいられるわけではありません。時として人は、自分自身にすら誠実ではないことだってあるものです!!

自分に過ちなどないと信じているときに、欲するものを失ってしまうと人は大変落ち込み、自分にも周りの人にも誠実でいられなくなってしまいます。

また、過ちや不足だらけなのに、望み通りのものを手に入れた場合、自分にも自信を持ちますし、周囲にも信頼されるかもしれませんが、これは一過性にすぎません。正しいことを行っているという信念を持っていれば、たとえ一時はうまく行かなくても、必ず願いはかなうと信じ続けることが一番なのです。


宇宙の内外は神の支配下にあるという意識のもとで神を信じれば、宇宙における全ての知識は神の落とした影、あるいは光だということがわかるでしょう。知性を持ち、そして神を信じることで、その光の中へ入ることが可能となります。そうすれば、四つの知性が活性化し、この知性のおかげで宇宙の神秘と知識が解きほぐされ、理解可能なものとなっていきます。

アストラル界では、光の教師たちというガイド役が存在するおかげで、私たちが知っていると思っていても実際には理解していない多くの物事について見たり感じたりすることができます。この感じたり、理解したりする力は、私たちの内部にあるものです。

私たちは、探し求めている対象について意識的になればなるほど、それが実は自分の中から生まれたものであり、私たちの人生を形作っているものは生まれる前に自ら選び取ったものであるということ、そして私たちが信じているものこそが私たちが真に必要としているものだということを知るのです。

時として、何もかも順調に行っているのに、思考が肉体にフィットしないことがあります。あるいは、あなたのほうが思考にフィットしていない場合もあります。

私は、「人生のコーチ」です。どんなに道を極めた人であっても、語ったり書いたりすることよりも、語れないこと、書けないことのほうが多いのです。真の知識はその「時」がこなければ語られません。それに、知識を受け取る側の準備が整っていなければなりません。本書の内容をよりよく理解していただくためには、私が書いたことではなく、「書かなかったこと」を感じて欲しいのです。

人間が生きている限り、何事でも善意を持って取り組めば、必ずや何らかの結果を得られます。ですから、是非とも一緒に、新しい（あるいは古いのかもしれませんが）、あらゆる思考を使って何かを始めましょう。ただし、善意を持って、です。善意が私たちをしかるべき場所へと連れて行ってくれるでしょう。

私は、十五年間の日本生活で一番多く寄せられた質問について、本書を通じて真摯に答えたいと思います。光の教師たちから教わったことを書き、可能な限り読者の皆さんに満足していただける答えを出したいと思っています。

これまで一番多く訊かれた質問は、「創造主、つまり偉大なるアッラーはどこにどのように存在しているのか」ということでした。私もまた、神によって創造されたものの一人です。この問いに答えるには、光の教師たちの助けを借りて、神的知識へ到達する必要がありました。読者の皆さんを満足させ、信じていただけるだけの知識は、そうして初めて得られたのです。

そして私は、心穏やかな気持ちで本書を執筆することができました。

偉大なる創造主アッラーは、第九層におられます。私たちが生きるこの地球と同じ大きさの十八本の蝋燭がアッラーを取り巻いています。そして、アッラーと私たちは、七万枚のカーテンで隔てられています。

これは、光の教師たちが人間のために与えてくれた知識です。光の教師たちがもたらしてくれるのは、根源的かつ真正であり、人類にとって有益な知識です。神についての知識と説明において、唯一の成熟した道がこれなのです。

そもそも人間は、光の教師たちの教えのおかげで、実に多くの知識を得ているのです。しかし、どんなに書かれていることが正しくても、決してそれに満足しない人もいるでしょう。

以前この世界について質問されたことがあります。アジアをはじめとする世界の様々な場所で、光の教師たちは様々な民族の肉体に「魂の移動」を行いました。人間は、アッラーのお許しのもと、様々な苦難を乗り越え、その結果としていい意味での変化を経験し、レベルを上げていきます。

人間は、あらゆるテーマについての真の知識を、たった一回だけアストラル界で教えられるチャンスが与えられています。この知識は、魂のおかげで体内の灰色の細胞に記録されます。

その時はその知識の価値や意味を誰もが十分に理解できるわけではありません。時が過ぎ、その瞬間が過ぎ去り、そこから遠ざかってはじめて、人間はアストラル界で教わったことを現実に生かすことができるのです。

私は読者の皆さんが一人一人、何かをつかみとれるよう願いを込めて本書の執筆にあたりました。

— 目次 —

第十六章　ヒーラー

第十七章　オーラとは何か

あとがきにかえて

318

訳者　磯部加代子

表紙絵　画家　オルサー・和美

第一章　聖アーデムの創造

はじめにアッラーの意志あり

偉大なるアッラー(1)は、アーデム(2)を創造なさるとき大地に向かって、

「我は人間なるものを創造するつもりである。人間のうち、我に従う者もあれば反抗するものも出てこよう。人間のうち、我に従う者は天国へ、我に反抗するものは地獄に落としてやろうぞ！」と啓示を下された。

そしてアッラーは、大地から一握りの土と泥を持ってこさせるため、大天使ジブリールを遣いにやった。すると大地は、

「私の一部を持っていくなら、そして私を役立たずにしようというなら、私はアッラーのもとに逃げ込みます！　私の一部を持っていかないで！

アッラーは、私の一部を使って人間を創造なさるおつもりなのです。でも、この人間というものは、アッラーに反旗を翻すことになるでしょう。そうなれば、アッラーは私を罰せられるに違いありません！」と言った。

結局、大天使ジブリールは、この言葉にほだされて何も手にせず戻ってきた。

「アッラーよ！　大地があなたさまのもとへ逃げ込むと言うので、私は大地の言うがままにさせました。しつこくすることや強要することは、正しい

(1)「原文では」“Allah” の語に続けて、“Allah cc.” と記載されていることがあり、この場合の “cc.” とは、アッラーの偉大さをたたえる決まり文句であるが、これは訳出する際には全て省略した。

(2)日本語で「アダム」として知られる最初の人間のこと。トルコ語では「アーデム」と発音されることから、本書では「アーデム」と訳出した。また、イスラームにおいてアーデムは預言者の一人であることから、本書でもアーデムのことを「預言者アーデム」あるいは「聖アーデム」と記述することがある。それらはすべて、原文に準じている。

こととは思われませんでしたので」

偉大なるアッラーは、次に大天使ミカーイルを送った。大地は大天使ミカーイルに対してもまた、大天使ジブリールに語ったことをそのまま言い、アッラーのもとへ逃げ込んでしまった。

大地が何も取らせないままアッラーのもとへ逃げ込んでしてしまったので、大天使ミカーイルも手ぶらで戻り、偉大なるアッラーに、大天使ジブリールと同じように報告した。

さて次にアッラーは、死の天使を送りこんだ。またもや大地が先回りしてアッラーのもとへ逃げ込むと、死の天使は、

「そうなると、私もアッラーの命令を実行できずに戻ることになるので、アッラーのもとへ逃げ込むことにする！」と言った。

そしてそう言いながら死の天使は、大地から取るべきものを取った。しかも、一ヵ所からではなく、赤土、白土、黒い土などをとり、様々に合わせてアーデムを創造した。大地から取られた土から創造されたことを受けて、「アーデム」と名付けられた。(3)

あなたこそ創造主、アッラーにおわします

さて、偉大なるアッラーがアーデムの創造にとりかかると、天使たちは自分たちの間で次のようにひそひそと話しあった。

(3)「アーデム」とは、「虚無、不足、死」などの意味がある。

「アッラーがどのようなものを創造なさるにせよ、我々より見識高く、我々よりも階層も高く、気高い存在をお創りにはなりますまい！　我々は彼の者よりも絶対的に知識も豊富で気高いのだ！」

偉大なるアッラーが天国でアーデムの肉体を創造なさっているとき、アーデムはしばらくの間ただ横たわったままの状態だった。その空虚な肉体でしかないアーデムの姿を目撃したイブリス(4)は、後に天国から追放されて悪魔に身を落とすことになるが、

「私ならこの者に簡単に勝つことができる。私のほうが優れている！」と思った。

しかし、いまだ魂が吹き込まれていないアーデムの空の肉体が天国の地に横たわっている姿を見るにつけ、天使たちは恐怖を覚えていった。実のところ天使たちの間でもっとも恐怖を感じていたのは、イブリスだった。

イブリスは空の肉体のそばを通るたびに、

「おまえは間違いなく何か偉大な営みのために創造されたに違いない！」と思うようになった。

イブリスがアーデムの肉体を足蹴にすると、そのたびに甕《かめ》のような音がするのだった。

「おまえはこんな甕のような音を出すための存在ではないはずだ！　間違いなく、何らかの目的のために創造されたに違いない！　もし私がおまえにつきまとって悪さをすれば、間違いなくおまえを打ちのめすことができる！　もしおまえが私につきまとって悪さをしても、私なら太刀打ちできるだろう！」と言った。

(4)イブリスはアッラーから天国を追われる前は天使であり、天国を追われ、シェイタンとなった。「シェイタン」（キリスト教における「サタン」）とは「追いだされた者」を意味する概念である。

またイブリスは、他の天使たちに、

「もしこの者がおまえたちより優れているようならどうする?」と問いかけたりした。

天使たちは、

「私たちは我らがアッラーに従うまで!」と返した。

だがイブリスは、

「ふん、もしこの者が私より優れた存在となるなら、私は抵抗してみせるぞ!」と心の中で独りごちた。

偉大なるアッラーがアーデムの肉体に魂を吹き込むと、魂は彼の頭部から入りみ全肉体にその痕跡と血液が行きわたった。アーデムがくしゃみをすると、天使たちは、

「アルハムドリッラー(原注…アッラーに感謝)と言いなさい」と言った。

それを受けてアーデムは、

「アルハムドリッラー」と言った。

これとは別の言い伝えによれば、アーデムがくしゃみをした時、偉大なるアッラーが彼にインスピレーションでもって伝え、それを受けてアーデムが、

「アルハムドリッラー　ラッビル　アーレミン(原注…この世の主であるアッラーに感謝)」と言ったという。

偉大なるアッラーはこれを受けて、

「アッラーの慈悲が注がれんことを」と言い渡された。

また、偉大なるアッラーは、

「アーデムよ、我は誰であろうぞ？」と問うと、

「アッラー以外に神はおりません、あなたこその創造主、アッラーにおわします」と答えた。

偉大なるアッラーは、

「誠にその通りである」と言い渡された。

アーデムが創造され、かつ天国に遣わされた日は金曜日だった。

(A) 天使たちのアーデムへ跪拝《きはい》とイブリスの拒絶

アーデムに対し跪拝するよう偉大なるアッラーが天使たちに命じたところ、天使たちは皆跪拝したが、ただ唯一イブリスのみがこれを拒んだ。イブリスの自我は、イブリスに自惚れと自尊心を植え付けたので、イブリスは自分は人から一目置かれるものだと思っていた。

「私はあの者に跪拝などしません。私はあの者よりずっと優れているのですから！私のほうがずっと古参であり、気質的にもずっと強靭です！　アッラーは、私を火からお創りになったのに対し、あの者を泥からお創りになったのです！」

彼は火は土より強いということを言いたかったのだ。

「私は地上でカリフの位を授かりその任にあたっておりましたし、私には翼があります！　胸元は聖なる光をたたえていて、奇跡の冠も被っています！　私は、あなたがお創りになった地上と天上であなたに礼拝をしています」と言った。

(B) イブリスの本質

イブリスはもともとジン(5)であったが、天上では天使たちを差し置いて、アッラーに対してそれはそれは熱心に礼拝を実践しており、誰もイブリスほど熱心にアッラーに礼拝をおこなった者はいなかった。

アッラーがアーデムを創造なさるまで、イブリスは四六時中礼拝をおこたらなかったが、それでも、元来持っていた自惚《うぬぼ》れや自尊心《じそんしん》、荒々しい気性や嫉妬心《しっと》といったものを消し去ることはできなかった。

いまだ現れぬアーデムの子孫たちのうち、アッラーの預言者たちや使徒たちについてアッラーが言及なされば、それにすら嫉妬心を燃やし、アーデムは粘土から創造されたにすぎないが、自分は火から創造されたことを強調し、

「私はあの者より優れております！　この私が、泥から作られた者へどうして跪拝できましょう?」

そう言って、自らの背信をさらけだした。こうして偉大なるアッラーの命に背き、イブリスはとうとうアーデムに跪拝しなかった。

偉大なるアッラーは、この反抗への罰として、今までの全ての善行を鑑《かんが》みることなく、イブリスをシェイタンへと変えてしまった！

(5)古今東西様々な宗教において信じられてきた精霊などの超自然的な存在のトルコ語における総称。

(C) 天使たちに対するアーデムの知識と奇跡の優秀さの表象

さて、天使たちにアーデムへ跪拝《きはい》させた後偉大なるアッラーは、ありとあらゆるものの名前、すなわち、彼に続く子孫の名前や、あらゆる創造物や天使たちにいたるまで、ひとつひとつアーデムに教えていった。

次に、それらの知識を天使たちに尋ねて、天使たちにその知識を持たないことを白状させた後、天使たちにその知識を伝授させる役目をアーデムに与えた。そうすることで、アーデムのほうが知識的にも奇跡を起こす能力においても優位にあるということを示したことになる。そうして、アーデムの語った言葉によって天使たちは自らを悔い改めることとなった。

(D) 人類史上初の挨拶

偉大なるアッラーは、アーデムに次のように命じた。

「さぁ、次に天使たちのところへ参って、『アッサラーム　アレイクム(6)』と挨拶をしてまいれ。おまえの挨拶に対し天使たちがどのように返してくるか、しかとその耳で確かめるがよい！　その挨拶の言葉こそ、おまえとおまえに続く子孫たちにとっての挨拶の言葉となるのだから！」

アーデムは早速天使たちのもとへ赴き、

「アッサラーム　アレイクム！」と言った。

天使たちは、

⑹あなたの上に平安あれ」という意味のアラビア語起源の挨拶の言葉。

「アッサラーム　アレイクム　ヴェ　ラフメトゥッラー」(7)

もしくは、

「ヴェ　アレイクムッセラーム　ヴェ　ラフメトゥッラー」

と返事をした。

つまり、天使たちは挨拶の言葉に、「ラフメトゥッラー」の言葉を入れていたのだった。

アーデムを聖なる光で飾る

偉大なるアッラーは、アーデムを六十種類もの土から創造なさった。もし彼がただ一種類の土から創造されていたとしたら、アーデムの息子たちは全員同じ容姿となり、お互いを見分けることも困難なほど近似した外見となっていたことだろう。

さて、アッラーは預言者アーデムの首から臍《へそ》までの部分をメディナの土から、頭部をエルサレムの土からお創りになった。顔はカアベの土から、両目はメッカのカアベ神殿周辺の土からお創りになった。

額をメディナ西部の土から、口をメディナ東部の土からお創りになった。鼻をダマスカスの土から、唇をベルベリーイェ、つまり北アフリカの土からお創りになった。

髭《ひげ》を天国の土から、舌をブハーラーの土からお創りになった。歯をホラーサーン、つまりトゥルキスタンの地のうちアラル海の南側とシルダリア川のデルタ地帯周辺の土から、首を中

(7)ラフメトゥッラーは「アッラーのご慈悲があらんことを」を意味する。

国の領土の土からお創りになった。

左手をペルシアの土から、爪をフタイ、つまり北京の南側の地域の土から、指をシスタン、つまりアフガニスタン西部とイラン東部の土から、胸をイラクの土から、お腹をフズィスタン、つまりイラン南西部にあるデナ山とイスファハーンの間の地域の土から、背中をヘメ、つまりイランのクム市西部の土からお創りになった。

男性生殖器をインドの土から、睾丸をイスタンブルの土から、太ももをトゥルキスタンの土から、膝をクリミアの土から、肘をアンタルス、つまりテケとアンタルヤの地域の土から、踵《かかと》をルム、つまりアナトリアの土から、足をフィレンギスタン、つまりフランスの土からお創りになった。

しかるのちに、偉大なるアッラーはアーデムの頭を力や能力の聖なる光で飾り、両目を失敗の経験から教訓を得るための聖なる光で飾った。額《ひたい》を創造主への跪拝を意味するスジュッドの聖なる光で飾り、舌を偉大なる創造主の名を口にするズィクルの、歯を預言者ムハンマドの、唇を偉大なる創造主の名を唱えるためのテスビフの聖なる光で飾った。

うなじを力の聖なる光で飾り、肩を高価で貴重なローブを意味するヒラットの聖なる光で飾った。背中を豊かさや安楽さを意味するギンリッキの、胸を学識や叡智の聖なる光で飾った。お腹を柔軟さや柔和さの、腰を栄光、偉大さ、優秀さ、品格の聖なる光で飾った。

衣服を普通の服や死装束《しょうぞく》など纏《まと》う物が様々に変化することから、「過渡」を意味する聖なる光で飾り、太ももを股と足のつなぎ目や指令部分であるためもっとも注意深く使われる必要があることから、許可・命令と禁止事項への調和を意味する聖なる光で飾った。

胸を喜びや幸福、心の平穏《へいおん》の、膝を礼拝のときに膝の上に手を置いて額ずくことから、お辞儀を意味するユクンメの、足を従順と命令への追従の、踵を熱望と努力のオーラの聖なる光で飾った。

アッラーへの親近感を親密さの、両手を人にたっぷりと恵むこと、与えることの聖なる光で飾った。爪を慈悲と苦悩への共感、保護、情け心をかけることの、心をアッラーの唯一性へのゆるぎない信心の聖なる光で飾った。

さらに、信仰（原注…それはつまり、アッラーの存在とその唯一性、天使たちの存在、聖なる書物、預言者たち、やがて来る終末の日、運命、善きも悪きもアッラーの思し召しであることを信じると明言すること、心の中からこれらを真実と認めること）の聖なる光で飾り、さらにアーデムを撫《な》であげ、品位のある振る舞いと、人から偉大な人物と目されるための聖なる光で彼を整えた。

そして、創造主への回帰を意味する聖なる光で彼を運び、人の魂を奪うことこそが彼の任務である死の天使アズライルに、アーデムの土を与えた。そして、慈悲の水でその土を捏《こ》ね、アッラーを心で理解し、新たなる知識に対して心をオープンにしておくため、見聞の水をかけた。

魂は人の気や生を与える一番大きな柱

アッラーは預言者アーデムをメッカとタイフの間のハリ・アスィルと言われる地域でお創りになった。アッラーは、人間を皿を焼くかのように乾いた土から創造してみせた。彼、聖アーデムは、最初はただの土にすぎなかった。その後、形が成形されたかと思うと今度はバラバラにちぎられ、さらにヒビが入り、しわが寄った。次いで、永遠かと思われるほど長い間放置された。

聖アーデムが乾いた土の状態で横たわっている場所をちょうどイブリスが通りかかり、偶然にも聖アーデムの姿を目にとめ、その姿にイブリスは恐れおののくこととなった。

彼は後戻りして、アーデムの様子をじっくりと観察した。

イブリスは奇妙な感覚に襲われ、また一方で戸惑いを隠せなかった。手を伸ばして、その胸をそっと押してみた。すると、乾いた土でできたアーデムの胸は、「ドクドク」と音を出して鳴った。この音を聞いたイブリスは、

「アッラーよ！　わがご主人さま！　万物の主よ！　この者の中は空洞でございます、何もございません。この者は誰にも何にも、利益をもたらしはしません」

すると、宇宙の王であるアッラーの声が聞こえた。

「イブリスよ。今おまえが軽く押してみせた胸は、この我の家である。我の家であるあの空の胸を、我は我の能力で満たそうと思う。まことに偉大かつ完全な存在であり、人間どもの持つ性質とは無縁の創造主が、魂（原注…人間の肉体に宿る、人の気や生を支える一番大きな柱である、非物的本質）を吹き込み、その魂に命令を下したのだ」

ある言い伝えによれば、偉大なる創造主の命令により、その魂はアーデムの鼻から入り脳の中へと入り込んだという。その後、二〇〇年あまりアーデムの脳内で待ち続けた。その後、魂は聖アーデムの脳から両目へと降臨した。そのとき、聖アーデムは横たわったまま目を見開き、自分自身が土と粘土でできているのを見た。

次に、聖アーデムの魂は両耳に降臨し、耳が聞こえるようになった聖アーデムは、天使たちがアッラーの無謬さや偉大さをたたえる祈りの言葉を述べるのを聞いた。

次に、聖アーデムの魂は両耳から口の中と舌へと降臨した。すると聖アーデムは咳込み、くしゃみをした。その拍子に彼は頭を地面からもたげ、次のように言った。

「彼こそは、万物の創造主たるアッラーである。いついかなるときも、天地で彼が創造なさったあらゆる生ある者たちを育てるのもまたアッラーである」

つまり、人間としての姿になって覚せいする以前の最初の行動は、「くしゃみをする」ことであり、聖アーデムが最初に口にした言葉は前述の言葉であった。これを受けて、全宇宙に対し、「在れ」と命じただけで創造するだけの、無限の力を持っているアッラーから次のような答えが返ってきた。

「アーデムよ！　アッラーはおまえに慈悲深く、おまえを助け、おまえを守ってくれようぞ。アーデムよ、我は自らの栄光、能力、無限の偉大さ、そして激しい怒りのためにこそ、おまえを創造したのだ」

「おまえは天国における我の宝」

魂は次に聖アーデムの胸と腰に降臨した。すると、まだ下半身が土の状態だというのに、聖アーデムは立ち上がろうとした。偉大なるアッラーが聖なる書物でおっしゃっている通り、人間とはまことに性急な生き物である。

さて、次に魂は聖アーデムのお腹に降臨した。すると聖アーデムは空腹を覚え、食べ物を欲した。その後魂は聖アーデムの身体のありとあらゆる器官に広がり、行きわたった。体の器官も全てあるべきところに収まり、四肢は生気を帯びて活き活きとした。肉、血、血管、神経が出来上がり、しかるべき場所に全てが配置された。

あらゆる欠点や過ち、人間を人間たらしめている特質とは無縁の偉大なるアッラーは天使たちに命じて、聖アーデムの頭にその偉大さを示すべく煌《きら》めく冠を被せさせ、アッラーの奇跡（原注…アッラーに仕える聖人たちに現れる、論理では説明されえないような類まれなる稀有な出来事）を示すため、高貴な者だけが纏《まと》うことができるガウンを彼に着せた。その上でさらに偉大な者だけがそこに座すことができる高所の椅子に座らせた。

また、天使たちはカリフ（原注…シャリーア(8)による統治を実現させるべくアッラーによって任命された者）の称号を聖アーデムに与え、祈りも捧げた。さらに、

「あなたは地上においても天上においてもカリフであり、アッラーの命令や禁止を実行し、あなたの子孫となる者たちに実行させるのもあなたです」と言った。

あらゆる欠点や過ち、人間を人間たらしめている特質とは無縁の偉大なる創造主は、「おまえは天国における我の宝。おまえという存在の中に我が自ら創造した貴重ないくつかの要素が入っている。それが、おまえという人間だ」と言った。

アッラーは聖アーデムに聖人、つまりアッラーの親友の位を与え、アッラーが創造になった他の全ての物の名前をお教えになった。偉大なるアッラーは、アーデムにありとあ

(8)イスラームに基づいて制定された法体系。宗教的な規定のみならず、民法や国家論など幅広い分野について言及されている。「シャリーア」とは、アラビア語で「水場へ至る道」を意味する。

らゆる物の名前を教えたのである。天使たちに向かって、「我に対して忠実であるなら、万物の名前を言ってみよ」と命じられ、その後天使たちに対し、聖アーデムに敬意を示すべく、彼に跪拝するよう命じた。

偉大なるアッラーはアーデムに、

「上を見上げよ」

と命じられた。

聖アーデムが上を見上げると、アルシュに（原注…アッラーが力をふるっている場所である天上界のうち、第九段にあたる最上階の名）かの素晴らしき言葉（原注…心を奪われるような素晴らしい言葉、アッラーやその使徒に用いられる言葉）が書かれていたという……。

【ラーイラーハ　イッラッラーフ　ムハンメドゥン　ラスール　ッラー（原注…アッラーの他に神はなし。ムハンマドはアッラーの使徒である、という意味）】

これを見たアーデムは、

「私のご主人さまであり万物の主であるアッラーよ、『ラー　イラーハ　イッラッラーフ』とはアッラーの他に神はなしという意味で、あなたの唯一性を現す言葉であるが、では『ムハンマド』とは誰のことですか」と問うた。

すると、生と万物の始まりであり、終末であり、そののちいつの日か再生し、また不死身であり、無限の過去にも存在し、無限の未来にもまた存在する、生きとし生ける全てのものは、その存在があるからこそ存在しうるアッラーは、次のように言った。

「アーデムよ！　あの心奪われる素晴らしき言葉における『ムハンマド』とは、我の愛してやまない友人であり、我を愛する親友の名である。我を愛するその『ムハンマド』は、おまえの息子にあたる。つまり、おまえの子孫から生まれるだろう」

この言葉を賜った聖アーデムは、それはそれは喜び、幸せと誇りを感じ、偉大なる創造主に感謝した。

正の三要素「知恵」「羞恥」「知識」

さて、聖アーデムが右側を見ると、彼の目に三つの美しい何物かが映った。アーデムはそれらに話しかけた。

「あなたがたのお名前と位地は？」

すると、その三つの美しい物のうちのひとつが次のように答えた。

「私の名前は『知恵』で、位地は頭の脳の中です」

二つ目は次のように言った。

「私の名前は『羞恥』で、役目はアッラーを恐れ全ての悪事を避けることにあります。私の位地は人の顔です」

三つ目は、

「私の名前は『知識』です。読んだり見たり聞いたり試したりすることで、アッラーの許しを得て手に入れることができる深く広い知識のことです。私の位地は胸の中です」と言った。

アーデムは右側の素晴らしき三者、知恵と羞恥と知識に向かって、

「では、それぞれの持ち場にお入り」と言った。

すると、「知恵」は脳へ、「羞恥」は顔へ、「知識」は胸の中へ入り込んだ。聖アーデムはこれですっかり安心した。

負の三要素「憤怒」「貪欲」「嫉妬」

次に聖アーデムは左側を見ると、そこにもまた三つの何物かがあった。聖アーデムはそれらを見るや恐怖に駆られた。戸惑いの感情が入り混じった恐怖を覚えたアーデムは、

「あなたがたのお名前と位地は?　いったいぜんたい、どのような不運、どのような不幸、どのような不毛な場所からおいでになったのですか?」

すると、負の三要素のうち一つ目が次のように言った。

「私の名前は『憤怒』です。位地は頭の脳の中です」

アーデムが、

「脳の中は『知恵』の住処であるからして、おまえの位地ではない」と言うと、その物は、

「私が入りこめば、『知恵』の居場所はなくなり、そこにいられなくなって出ていくことになる」と言った。

間髪いれずに今度は負の三要素のうちの二つ目が発言した。

「私の名前は『貪欲』で、位地は顔です」

聖アーデムは負の三要素のうちの二つ目に向かって、

「顔は『羞恥』と、アッラーを恐れ全ての悪事を避けるための場所であって、おまえの位地ではない」と言うと、
聖アーデムの左側にいる負の三要素のうちの二つ目は、

「私が顔に入り込めば、『羞恥』の居場所はなくなり、そこにいられなくなって出ていくことになる」と言った。

今度は聖アーデムの左側にいる負の三要素のうちの三つ目が、

「私の名前は『嫉妬』で、位地は胸の中です」と言った。

聖アーデムが、

「胸の中は『知識』の場所であって、おまえの位地ではない」と言うと、負の三要素のうちの三つ目は、

「私が胸の中に入り込めば、『知識』の居場所はなくなり、そこにいらなくなって出ていくことになる」と言った。

ここまではアーデムの創造の物語です。光の教師たちからの教えに従って少し説明していきます。

創造の四要素「大地」「水」「火」「空気（風）」

無謬《むびゅう》かつ真実の体現者であり、あらゆる過ちや人間特有の性質からはかけ離れた存在である偉大なるアッラーは、最初の人間であるアーデムを創造するにあたって、それより以前に創造した四つの要素を用いてアーデムを作り上げました。

その四要素を四種類とし、四種類にはそれぞれアッラーへの帰依と服従の形があり、それぞれの傾向、欲望、願望、状態などの特質があります。

では、この四種類の要素とは何か？　それは、「大地」、「水」、「火」、「空気（風）」です。

さらにこの四要素から四区分を創造されました。

第一グループ―この世の虚飾や地位や恩恵すらも放棄する人々

創造の性質上、最初に創造されたのが第一グループであり、礼拝をよく行い基本任務をこなしながらも、この世の虚飾や地位や恩恵すらも放棄する人々です。

この要素から生まれた人はアッラーから啓示として下され、預言者を通じて一切手が加えられることなく人間たちに伝えられたアッラーの定めた規則に完全に従う人々です。

メイン要素は「風（空気）」。これ以外にも、風（空気）には「治癒力」もあるし、「力」もあります。

風（空気）は昼夜問わずアッラーへの帰依、つまり、礼拝しアッラーの命に従うことを至上命題とするために創造された要素です。風が吹かない限りこの世に存在する生き物は、臭いにやられて死んでしまいます。風のグループに属する人は、自然に対して善意を持って接すれば、自分にも周囲にも癒しの力を発揮することができます。

さらに、この要素を持って生まれた人は、物事に対する洗浄力を持っているので医者や獣医の素質といった発展的な力を生まれつき持ってもいます。ただし信仰心がない場合には、人を救う特性を発揮するには自然からの力を必要とします。

第二グループ―この世の善にすでに事足りている人々

さて、第二のグループは、罪を犯すことを恐れ、礼拝と基本的な義務以外の善を必要とせず、この世の善にすでに事足りている人々です。

これらの人々のメイン要素は「火」です。このグループに属する人々はアッラーの同意を得ようとする道を行く人々です。このような道を行ったために、昼夜問わず心の底からアッラーを信じ愛する必要があります。

自分自身を外に出さないようにしながら、炎を燃やす必要があります。自分自身を隠しつつ炎を燃やすことができれば、来るべき終末において様々な拷問《ごうもん》（原注…この世で行った罪や過ちをあの世で賄う必要があり、ここでの「拷問」とはその罪や過ちに対する対価のことである）から逃れることができます。

また、一度燃えたものは、二度と燃えることはない、ということも知っておいたほうがよいでしょう。このグループの守護天使は大変な堅物であり、アッラーの命は絶対遵守《じゅんしゅ》であり決して背くことはありません。

つまり火のグループの人間は、アッラーの命令に従順である限り、あるいは人類のために奉仕すればアッラーの保護を得られるということです。

第三グループ―アッラーとその創造物を必要性に応じて理解する人々

第三のグループは賢人、知識人のグループで、知識と科学の道を究める人々です。アッラーとその創造物を必要性に応じて理解する人々です。

このグループの人々のメイン要素は「水」であり、その才能は「一を聞いて十を知る」ことにあり、アッラーの許しにより進歩と見識を持った人たちです。

また、「水」とは同時に「清潔」かつ「洗浄力」も持っています。賢人は、清廉潔白さとともに物事を清める力もまた同時に持っていなければならない、ということです。

「水」の要素で創造されたグループの人々は、この世の物欲に支配されさえしなければ人類の自然界にとって知識人としてアッラーから守られる、ということです。ただし、心の中でアッラーを信じていなければ叶わないことですが……。

第四グループ—対象を愛することで自分自身が満たされる人たち

第四のグループはメイン要素が「土」の人々で、その魂が対象を愛することで自分自身が満たされる人たちであり、大地の親友でもあります。

この人たち（原注…花嫁・花婿の介添人、親友）は、真にアッラーの力、所有、支配を知る人々のグループです。このグループのメイン要素は「土」であり、このグループの人々はアッラーに自らを委ね、頭を垂れ、同意する者たちです。

そうであるからこそ、アッラーの使徒である偉大なる預言者（彼の上に平安あれ）は、次のように言うのです…「ありとあらゆる被創造物は、元の姿に戻ることを常とする」。

もし「土」のグループの人々が、現世の物欲に対し無欲であるなら、また創造主への信仰心が完全なものであるなら、無限の支配力と愛の授受の力を生まれながらに持っているため、それらの能力を用いてこの世の真実を守ることを運命づけられることもありえます。

そうであれば、偉大なるアッラーから守られるでしょう。

ただしこれは信仰心が本物であればの話です。

本章で書いたことは、光の教師たちからの教えです。

第二章　聖ハワの創造

人類の繁殖を願って母なるハワを創造された

イスラームの聖典『クルアーン（コーラン）』に明記されている通り、最初の人間は聖アーデムです。アッラーは彼を創造するにあたり、土の要素を用いることを選び、土で彼を創造したのちにその肉体に魂を与えました。

アッラーは聖アーデムに心の友を与えるためと、人類の繁殖を願って母なるハワを創造されました。

このことは、『クルアーン（コーラン）』第四章「女」章の第一句において、「汝らをただひとりの者から創りだし、その一部から配偶者を創りだし[9]」たという意味の一文によって言及されています。

有名なクルアーン解釈によれば、この一句に関する解釈は次の通りです…アッラーはハワを聖アーデムの左の肋骨から創造しました。その時聖アーデムは軽い眠気に襲われ、一瞬居眠りしてしまったといいます。

次の瞬間に目を覚ますと聖ハワの姿がありました。最初は驚いたものの、次の瞬間にはその姿に大変喜びました。すぐに彼女に親近感を覚え、二人はお互いに親しみを感じました。

預言者ムハンマドの言行録である『ハディース』でも、次のような意味のことが明記されています…我が光の教師たち（アッラーが彼に満足されますように）のハディースによると、預

⑼『コーラン　下』（井筒俊彦訳　岩波書店）の訳文より引用。

言者ムハンマドは、

「女は肋骨から創造された。女を思うようにしたいと思っても無理な話。肋骨は曲がっている状態がちょうどいいのだから、おまえの思うように勝手に形を変えようとするなら、骨を折ってしまうことになる。骨、つまり女が折れるとはすなわち離婚を意味する」と言ったといいます。

我が光の教師たちが伝える別のハディースによれば、預言者ムハンマドは「アッラーと終末を信じる者は、何らかの出来事を見たり聞いたりしたときは、良い面について言及するか、さもなければ黙っていなさい。女たちによくしなさい。女たちは肋骨から創造された。肋骨の一番湾曲した部分が最上部の端の部分である。その部分をまっすぐに伸ばそうとすれば、折れてしまう。そのまま放っておけば曲がったままでいるものを。だから、女たちにはよくしなさい」と言ったという。

またハディースでは、人類最初の女ということで、聖ハワを全女性の外見から気質、性格、体格に至るまで例としてあげています。

危険を冒すのは男、危険にさらされるのは女

聖ハワは最初の女です。アッラーは神意の表象として聖アーデムの一部から聖ハワを創造しました。全人類の女性と男性は、この二人の人間から派生し増殖していったのです。

聖アーデムの創造にしても聖ハワの創造にしても、どのような神意の成り行きの結果なのかは、我々がはかり知ることはできません。アッラーは、父親を第一に、母親のほうを第二の存在として示

していることがわかります。

つまり、子作りの発端となる精子は男から出ており、その意味で父親が第一の存在の役割を果たしている、ということです。

我が光の教師たちの言を借りれば、「危険を冒すのは男で、危険にさらされるのは女であるという点で、男は先駆者であり女は二番手である」、と。また、最初の女であるハワの創造は、完全なる例外状態だということも付け加えておきます。

次の点についても強調しておきたいのですが、学識者たちの言によれば、人間の全ての細胞にはプログラムに基づいたそれぞれの器官の性格というのがあるといいます。どの器官が使われたかによって、その器官特有の性質というものが表面に出てきて、それ以外の性質は抑圧されます。

この考えに従えば、聖ハワの創造において肋骨の細胞が聖ハワの基礎となったと言うことができます。この細胞が髪の毛とか肺の細胞でもありえたわけですが、神意は、肋骨という細胞を選んだのです。

イスラームにおいて女性を保護し、女性をありのままの姿で受け入れることは当然ですが、過激な宗教者たちが作り上げた現実とは異なる言説というのがあって、これが全世界で誤解を生んでしまっています。

人類最初の誕生

親愛なる本書の読者の皆さん！　ここで、我らが光の教師たちからの、最初の人類についての情報をお伝えいたしましょう。

無謬《むびゅう》かつ欠点とは無縁の存在である偉大なる創造主は、アーデムの左の肋骨から、アーデムの配偶者として、さらには最初の女としてハワを創造なさり、さらには彼女を聖アーデムの愛する人、親友、補佐とした。

聖ハワは聖アーデムの子を九十人産み落としました。そのうち、娘十人と息子十人だけが生き残りました。聖アーデムと聖ハワから生まれ生き残った子たちのうち、一部の者たちの名前を次にあげてみましょう。

ヴェヘメ、ヴェッド（ワッド）、スヴァー（スワー）、ヤグース、ヤウーク、ネスル（ナスル）、アブドゥンナー・スィル、ハビル、カビル、シト。

『クルアーン（コーラン）』にも、第七十一章「ヌーフ」章二十三句において、『どのようなことがあろうとも、己が神々（偶像神たち）を棄てるなよ。ワッドやスワー、ヤグースやヤウークやナスルを棄てるなよ(10)』との章句が出てきます。

アーデムたちの他の子らは、双子として生まれてきたのに、聖シトだけは独りで生まれてき

(10)『コーラン　下』（井筒俊彦訳　岩波書店）の訳文より引用。

ました。そのようなわけで、聖アーデムは自らに与えられていた主導権を聖シトに与えたのです。聖シトもまた、九十人の息子と九十人の娘を持ちました。地上に散らばったこの子どもたちはさらに繁殖し、地上で増えていきました。

さて、聖アーデムの子どもたちが兄弟姉妹同士で婚姻を重ねた件について、宗教的な見地から考えてみることにしましょう。

聖アーデムから預言者ムハンマドの時代に至るまで、アッラーは布教に努めてきました。宗教の基本中の基本である「信仰」は変わることはありませんが、我々が「シャリーア」と呼ぶところの、礼拝や現世についての決めごとなどは、聖アーデムの時代から預言者ムハンマドの時代に至るまで、その時代に合わせ、また必要に応じて変更が加えられてきました。

アッラーはそれぞれの時代の人間たちの生活や利便性を観察しながら、集団ごとに異なるシャリーアを下しました。

「おまえたちそれぞれにそれぞれのシャリーアと開かれた道を与えよう」とアッラーは言及しています（原注…『クルアーン（コーラン）』第五章「食卓」章四十八句を参照のこと）。時代によってシャリーアは変化します。

同時代であっても部族によって別々のシャリーアや預言者が存在しうるし、実際そうでした。現代の人間の生活も、それぞれの社会の必要性に沿った法体系が存在し、それにより人間の生はコントロールされています。シャリーア、つまり法は、人間が存在したときからすでに適用されているものであり、人間にとって法は必要不可欠なものなのです。

たとえば、ユダヤ教徒たちはシナゴーグでのみ、キリスト教徒は教会でのみ礼拝を行うことができますが、我々ムスリムはどこででも礼拝をすることができます。また、牛や羊の油は聖ムーサのシャリーアでは「ハラーム」と言って禁じられているものの一つでしたが、我々の宗教ではハラールと言って、許可されているものの一つです。

聖アーデムは最初の人間であると同時に最初の預言者でもあります。アッラーは彼に宗教とシャリーアを下しました。彼はアッラーが彼に指示した通りに行動しました。

聖アーデムの子どもらが互いに婚姻関係を結ぶことは、必要性があることからアッラーはハラールとしたのです。

なぜなら、人間という種が増える必要性があったからです。他に人間がいないのだから、兄弟姉妹同士であっても婚姻関係を結ぶ必要があった、ということです。この習慣はしばらく続き、人間の数が十分になるとこのような形の婚姻は必要ではなくなり、習慣としても消滅しました。

本章で書いたことは、光の教師たちからの教えです。

第二章　聖シト

アーデムの後継者シト

聖シトは、アーデム（彼の上に平安あれ）の亡くなった息子ハビル[11]の身代わりとして生まれた息子です。「シト」という名前はスルヤーニー[12]の言葉で「アッラーの贈り物」を意味します。

シトは、兄弟姉妹たちのうちでもっとも容姿に優れ、さらに徳の高い人物でした。道徳的にも外見的にも最も父親に似ていたことから、聖アーデムも彼を溺愛しました。預言者ムハンマドの聖なる光もシトの顔に反射し光っていました。

アーデムはシトを兄弟姉妹たちの中の長とすると発表し、自身が死の床に伏せると彼を共同体の長であるカリフに任命しました。そして、遺言としてアッラーについて多くの秘密を彼に打ち明け、それらを受け継いでいくよう命じました。父親から皆の代表として選ばれた聖シトは、その後預言者としての地位を得ました。

アッラーは彼に五十ページからなる書物を下し、その書物において哲学的知識、化学、錬金術などの重要な知識を授けました。聖シトのシャリーアは、聖アーデムのシャリーアにも適っていました。

⑾旧約聖書に登場する双子の「カインとハビル」は、トルコ語では「カビルとハビル」と発音される。ハビルは双子の兄カビルに殺された。

⑿アラム人を祖先に持つセム系の言語を話すキリスト教徒。

異教徒たちとの戦い

シトはシャム(13)の国に住んでいました。イエメンに移り住み、時を追うごとに凶暴化していく拝火教徒のカビルの一族との宗教戦争を行うよう、アッラーから彼に啓示が下されました。不神信者と信仰者の間の、地上における最初の対決というこの出来事において、聖シトは初めて剣を抜いた人物として歴史に刻まれました。

異常な行動に出る異教徒たちを殺害し、また捕虜としてとらえたりしつつ、結局最後はシトが勝利を収め、この闘いに終止符が打たれたのです。

人類史上最初に剣を抜き、異教徒たちと戦った聖シトは、地上で千の町を築き、人間たちの居住地を定めた人物でもあります。カアベの地に初めて石と粘土を用いて建物を建てたのも彼でした。彼の生涯については映画作品を含むいくつかの本が世に生み出されています。

シトは一〇二二年の生涯を終えてあの世へ旅立つと、両親の隣に埋葬されました。聖シトの妻は父親のシャリーアに従って結婚した妹の一人であるマフヴァレ・ベイザーでした。彼女は母親譲りの美貌の持ち主でした。二人の結婚式はアーデム自らが執り行い、聖ジブリールが説教を詠み他の天使たちも証人として式に参加しました。

聖シトの一族はアッラーへの帰依と礼拝を実に見事に実行し、多神教に走りアッラーの命令に背くような愚かなことはありませんでした。ヌーフの時代に起きた大洪水(14)のときも、他

(13)現在のシリアのダマスカス。

(14)「ノアの方舟」の物語として知られている、大洪水のこと。

の部族の人間たちが溺れ死んでいく中で、アッラーを恐れた世代の代表者たちは生き残りました。

聖シトは生前、学識豊かで哲学者である息子のエヌーシュを次期カリフとして任命していました。続く世代においてもこの一族は信仰を忠実に保持し続けました。一方で、不信神と逸脱を続けるカビルの一族とは常に戦争状態にありました。

人間は信仰心を失い不信神の沼へ

聖シトから数えて四世代後のバーリドの時代の人々は、シェイタンの罠にはまって道を踏み外し、不信神へと身を落としていました。聖アーデムの息子たちのうち、スヴァー、ネスル、ヴェッド、ヤグースなどのアッラーに忠実に仕え敬虔で信仰心の篤い子らがこの世を去ると、彼らと道を同じくした友人らは心から悲しみました。

そこにつけこんだ呪われた存在であるイブリスは、彼らの姿を描いた絵をその信奉者たちの礼拝所に掲げることで彼らを慰めるふりをしました。

アッラーに忠実な彼らの世代が途絶えて子どもたちの世代になると、イブリスは「おまえたちの父親や祖父の世代は、この絵に敬意を示し跪拝したものだ！」などと吹聴しました。

このようにして彼らを惑わせ、一部族につきそれぞれ一つの絵を決めてそれを拝ませました。この策略にまんまとはまった人間たちは、信仰心を失い不信神の沼へと沈みこんでいきました。人類で初めて魚と鳥の肉を食べたのも、先に名前の出たバーリドでした。

本章で書いたことは、光の教師たちからの教えです。

第四章　人間は猿から進化したのか？

―進化論に抗して―

人間を罰するために猿に変身させた

人間は、『クルアーン（コーラン）』において明言されているとおり、偉大なるアッラーが泥から創造した存在です。

泥とは、存在の最も原始的な形です。『クルアーン（コーラン）』の中で、アッラーに反乱をおこした種族のうち若者は猿に、年寄りは豚に変身させられたとの言及があります。偉大なるアッラーは次のように言っています。

言ってやるがよい、「これよりもっともっとひどいアッラーのご褒美（天罰のことを皮肉に言う）のことを話して聞かそうか。凡そアッラーに呪われ、そのお怒りを蒙り、猿や豚に変えられてターグート（古アラビアの鬼神）を崇拝するような者、こういう輩の立場こそいとも恐ろしいもの。もう正しい道からは遠く迷い出してしまったのだからな」(15)と（第五章「食卓章」六十句）。

『クルアーン（コーラン）』中での神は、たびたび怒りを口にします。そして、怒りを覚えた相手にどのような罰を与え、どのように復讐《ふくしゅう》するかを明示しています。

およそ二〇〇〇年前と推測されますが、実際にこの罰が下されたことがあります。それは、現在のシリアのネフレヴァンという町で起きました。聖ムーサを通じてユダヤ人に対し、土曜日の漁業の禁止がアッラーから下されました。

(15)『コーラン』（上）　井筒俊彦訳　岩波文庫　P157

なぜなら、土曜日というのは神が聖ムーサに下した書物では、ユダヤ人にとっての聖なる日とされているからです。

ところが、この一族は金曜日に川に網を張って日曜日にこれを引き揚げるという形で漁を行ったのです。人間特有の狡猾《こうかつ》さでもって！　そもそも、彼らは一族内でも諍《あらそ》いが絶えなかった人たちでもあったので、中でも特に悪い連中が偉大なるアッラーによって猿に変身させられてしまいました。

猿や豚に変身させられた一族の物語の起源はとても古く、聖ムーサ率いるこの一族のうち、善良かつ信仰心のある人々を除いて一部は猿に、一部は豚へと変えられてしまったのです。偉大なるアッラーはこれ以上この一族が繁栄することを許さず、一族の血は途絶えることとなりました。

いくつかの古文書には、ことの真相を知らずにこの国に足を踏み入れた人々が、この猿たちが人間のかつての姿であることを知り、ショックを受けた、という物語が存在します。

アッラーがかつて人間であった一族を罰するために人間を猿に変身させたということを知らない多くの人間は、これらの猿が人間の祖先だと思うようになったのです。

猿や豚に姿を変えられた人々、つまり、見た目も心も醜くされたこれらの人たちは、「土曜日の（禁を破った）人々」として知られ、過去の人間集団、とりわけイスラエルの民の間にも、そういった言い伝えがあることが知られています。

一方、キリスト教においても、イーサ(16)と食卓を囲んだ友人たちが醜悪《しゅうあく》な姿に変身させられて

(16)「イエス」のトルコ語の呼び名。

しまったとする言い伝えが残っています。

『クルアーン（コーラン）』解釈者の中には、猿のことを「土曜日の（禁を破った）人々」だとし、豚のことを「イーサと食卓を囲んだ友人たち」だと解釈する人たちもいますが、『クルアーン（コーラン）』の第二章「雌牛章」六十五句で「土曜日の（禁を破った）人々」について、単に「卑劣な猿となれ」との啓示が認められることからすると、こちらのほうが信憑性《しんぴょうせい》があると言えます。

チベット、観音菩薩と猿の物語

ここで、チベットでの言い伝えを紹介しましょう。

観音菩薩が仏教徒となる以前、雪の国＝チベットに派遣されるところから始まるお話です。

観音菩薩はラサのポタラ山の頂上に座って、彼に信仰心をもたらしたその大地を見つめていました。すると、掌に一束の光が広がり、この光の束から一匹の猿が現れました（別の言い伝えでは、彼自身が猿と化したとも言われています）。

観音菩薩はこの猿に教えを授け、瞑想《めいそう》のためチベットへ行くことを勧めました。

当時、チベットの地には人間は住んでおらず、象や鹿、猿やラクダや巨人が生息していました。

チベットに派遣された猿が瞑想状態に入りますと、そこへ猿の姿をした一匹のメスの巨人が近づいてきました。猿が自分に目もくれないことがわかると、今度は美女に姿を変え、彼の妻になりたいと訴えました。これも拒絶されると、巨人たちを呼び集めて、この地に住む生き物を皆殺しにすると言って猿を脅迫しにかかりました。

困り果てた猿は観音菩薩にアドバイスを求めると、メスの巨人と結婚するよう助言を受けました。理由は、二人の間に生まれるのは人間であり、彼自身の教えを人間たちの間に広められるからだ、ということでした。

こうして巨人と猿は同衾《どうきん》し、巨人は九ヵ月後に六人の男の子を出産しました。この男の子たちの体は父親同様毛に覆われており、母親同様尻尾が生えていました。顔は赤みがかっており、血肉を好みました。

父親は子どもたちに栄養を取らせるため、猿たちが生息する森へと子どもたちを連れて行き、その森に放置しました。一年後、森を訪れてみると、子どもたちの数は五〇〇ほどに増えていました。ただし、息子たちの子どもたちは人間とも猿ともつかない生き物でした。

夏は暑さと雨、冬は寒さと雪に苦しみます。さらに、食べ物もありません。猿がこの子らに食べ物を与えると、痛みに悶《もだ》え、その結果体毛と尻尾を失いました。こうして、彼らはチベットの原住民となり、観音菩薩はブッダの教えをチベット原住民たちに広めていったのです。

進化論はいまだ証明されておらず

人間は二足歩行をします。これは、他の生命体にはない大変特別な歩行形態です。他の動物にみられる二足歩行の能力は、限定的なものにすぎません。熊や猿などの動物は、例えば餌を取るためなどの稀な場合において短時間だけ二足で立ちあがることができますが、通常は四足歩行をします。人間の起源について、一点の曇りもなく信憑性がある学説を主張する学者は、いまだごく少数です。なぜなら、その証拠がないのですから。

チャールズ・ダーウィン（一八〇九―一八八二）は、人類と猿は共通の祖先を持つとする主張を、一八七一年に出版された『人間の由来』という著書において発表しました。それから今日にいたるまで、ダーウィンの後継者たちはこの主張を支持し続けました。

進化論の主張において、人間の系譜はアウストラロピテクスという名前の猿人から始まるとされています。進化論の主張によれば、アウストラロピテクスは次第に二足で立つようになり、脳が大きくなり、様々な段階を経て現在の人間であるホモ・サピエンスへと進化した、とされています。

ただし、化石調査の結果はいまだこのシナリオを支持するには至っていません。これまで主張され続けてきた進化論ですが、人間と猿の間には、化石という証拠の観点から言うといまだ越えられない壁があるということです。

さらには、人類と猿両方の祖先として提示されている一連の種族のうち、例えばアウストラロピテクス（猿人）とホモ・エレクツス（原人）は、実際には同時代を生きた種族であったことが判明しています。

二十世紀における進化論の最大の擁護者の一人であるエルンスト・マイヤー（一九〇四―二〇〇五）は、「現在の人類であるホモ・サピエンスへと続く鎖の輪は、実際にはつながっていない」として、このことを認めています。

人間が猿から進化したとする進化論の主張を裏付ける証拠は、実際のところ存在しないのです。「証拠」として提示されているいくつかの化石については、一方的な解釈がなされているにすぎません。

歴史上、六〇〇〇以上の猿の種属が存在したと言われています。これらのうちのほとんどが絶滅して地上から姿を消しました。

人類の子孫は途絶えることがない

人間はというと、最初に創造されてからこのかた五回の終末を迎えましたが、実際のところこれらは真の「終末」とはならず、「転換期」だったのです。

そもそも、四冊の聖なる書物中に世界の滅亡についての言及はありません。地球が別の姿となり、人類は生き続けるのです。つまり、人類の子孫は途絶えることがないのです。これは、創造主が人間に与えた価値なのです。

人類とは異なり、動物は絶滅します。今日、地上に存在する猿の種属はたった一二〇種類です。六〇〇〇近くもあった猿の種属が途絶えて化石となり、これが進化論者にとっての格好の材料となったわけです。

一方、人間の人種間の解剖学上の違いもあります。特に、歴史以前の人種間の違いは相当大きかったのです。

時代が下るとともに各人種間の相互交流が生まれ、混血と同化が進んだ結果、人種間の違いも小さくなりました。それでもなお、今日地上に存在する黒人、ピグミー、エスキモー、オーストラリアの原住民らの間には、見逃せない大きな違いを見ることができます。とはいえ、今あげた人種全てが、聖アーデムの子孫であることに違いはありません。

ダーウィニストはその理論において、今日存在している人類は一連の猿人が進化した存在だと仮定しています。

五〇〇万年から六〇〇万年前に始まったとされるこの変化の過程において、今日の人類とその祖先との間には、一連の「進化の過程」があったとの主張がなされています。実際には完全なる空想にすぎないこのシナリオにおいて、五つの基本「カテゴリー」があるとされています。

一、アウストラロピテクス
二、ホモ・ハビリス
三、ホモ・エレクトス
四、アフリカのホモ・サピエンス
五、中東のネアンデルタール人

進化論者は、人類の最初の猿人の祖先に、「南の猿」という意味の「アウストラロピテクス」という名前を与えました。この生き物は、実際には絶滅したかつての猿の一種にすぎません。

アウストラロピテクスと一口に言っても、様々な種類が存在しました。中には体格のよい猿もいたし、華奢な体格の猿もいたようです。

人間の進化の次の段階の存在について、進化論者は「ホモ」、つまり人間と認識しました。その主張によれば、ホモ種属の生き物は、アウストラロピテクスよりはるかに進化した存在だったとのことです。

そして、この種の進化の結果生まれた一番最後の段階にいるのがホモ・サピエンス、つまり今日の人類である、というわけです。

進化論者の出版物や教科書、あるいはメディアでときどき目にする「ジャワ原人」や「北京原人」、エチオピアで発見された化石も、「ルーシー」と名付けられた化石も、上述した四種類のうちのいずれかに分類されます。これらの種属には、さらに下部種属がいるとされています。

猿の性質について、読者の皆様により包括的かつ理解可能な形でご説明いたしましょう。

あくまで猿は猿、人間は人間

猿は自分たちを管理・支配することはできません。ただ、互いに模倣し合うことで生きているのです。猿は、管理・支配される必要がある生き物です。猿には独自の思考や自身で発見する力、独自の価値観や欲望などはありません。

また、互いに少しも好意を抱いていません。ただ単に互いを模倣し合うのみです。猿たちにとって、相手に憧れるということと、愛するということとは別のことなのです。猿は相手に憧れを抱くことはできても、人間が持つ知識を所有することはありません。

もし仮に、動物と人間の中間動物が創造されうるとすれば、古代人がこれを実践したことでしょう。ところが実際には、動物は水から創造されたのであり、人間は泥から創造されました。あらゆる学問的な発見や研究の成果は、これまで進化論者が化石による進化の過程を主張してきたものの、結局それは証拠となっていないのです。

人類の祖先とされてきた化石の一部は猿の種属であり、別の一部は人間の一人種でした。アウストラロピテクスは、現在の猿に類似した絶滅種の猿なのです。アウストラロピテクスの脳の大きさは、現在のチンパンジーのそれと同じかもしくはもっと小さかったのです。手足も現在の猿の種のように木のぼりに有利な突起があり、足は枝をつかめるようになっていました。背丈は低く、せいぜい高く見積もっても一三〇センチ程度でした。

現在の猿の種属同様、オスのアウストラロピテクスはメスよりもずっと体格がよかったようです。また、頭蓋骨における数百の細部に亘る類似点、左右が寄った目、とんがった臼歯、あごの構造、長い腕、短い脚といった数多くの特徴は、アウストラロピテクスが現在の猿の種属となんら変わるところがないことを示す証拠です。

進化論者の主張は、アウストラロピテクスたちが解剖学的に猿の種属としての特徴を持つにも拘わらず、他の猿の種属とは異なり、人類同様二足歩行をしていたとしています。

しかし、一九九四年にイギリスのリバプール大学のフレッド・スポールとその研究チームが、アウストラロピテクスの骨格についての最終的な結論に到達すべく、包括的な研究に着手した結果、面白い事実が判明しました。

この研究では、アウストラロピテクスの化石の内耳の構造に関する調査が行われました。人間やその他の複雑な構造を持つ動物の内耳は、その形から「カタツムリ」と呼びならわされる器官がありま す。この器官の果たす機能は、飛行機のバランスを保つ「ジャイロスコープ」と呼ばれる機器と同じです。

フレッド・スポールは、人類の祖先とされている動物たちが、実際に直立して二足歩行が可能だったかどうかを見極めるため、この「カタツムリ」と呼ばれる器官の研究を進めたのです。そして、スポールが到達した結果は、「アウストラロピテクスは四足歩行を行っていた」というものでした。

最新の研究結果は、アウストラロピテクスという種属は人間の祖先ではないことを示唆していま す。このテーマに専念しているひとりの権威ある女性研究者が明らかにした、「聖W五七三」と呼称されているアウストラロピテクスの化石調査結果に見られるこれまでの人間の祖先に関する諸理論との差異は、人類の系図を破壊するものでした。

したがって、人類の直接の先祖とされてきた霊長類の中の大型の猿たちは、この系図から削除されたのです。アウストラロピテクスと各ホモ種は、同じ系図に属さず、ホモ種の直接の祖先は、いまだ発見されないままなのです。

人間と猿、膝小僧発達の違い

私が本書で再三書いているように、人類の祖先とは、この世界に偉大なるアッラーが創造された聖アーデムその人です。加えて、他の惑星にも人類は生息しています。

現在、「トゥルカナ・ボーイ」と名付けられたケニアのトゥルカナ湖畔で発見された骨格が、今日までに発見された最も古いホモ・エレクッスの骨格です。

興味深いのは、一六〇万年前の化石の骨格と、今日の人類の間にほとんどと言っていいほど差がないことです。

特に、前述のオーストラリアの原住民であるアボリジニーの化石とトゥルカナ・ボーイは酷似しています。このことは、ホモ・エレクッスはいかなる「原始的」な特徴を持たない、人間そのものであることの証拠であると言えます。

一方、ヒト属であるホモ・エレクッスと「人類の進化論」のシナリオに従えば、それより以前に存在していたという猿たち（アウストラロピテクスやホモ・ハビリス）との間に見られる差異は、大変に大きなものです。化石研究が示すのは、最初の人類は進化の過程を一切経ることなく、同時進行的かつ突如として発生したということです。

単純に考えてみると、人間の肉体が持つ機能と猿の肉体が持つ機能との間には大きな違いが見られます。例えば、人間の肉体は朝六時か七時ごろになると、コルチゾンが分泌されて各器官が覚せいします。

この覚せい状態は、いわば肉体自身がゆっくりと目覚めようとする準備を行っているというしるしです。新陳代謝が活発になり、一日の活動に備えてエネルギーとタンパク質が準備を整えます。

この時点ではまだ肉体は十分目覚めておらず、運動に耐えうるほどではありません。この時間帯に運動をしたとしても、心臓や血液の流れにとっては不必要な負担を与えるだけです。

過度な運動よりも、この時間には朝食をとるほうが適した行動と言えます。消化器官はこの時間帯に最も活発になります。

ところが、猿はこれとは全く逆で、猿にとって朝のこの時間帯というのは最も活動的になれる時間帯なのです。

また、人間にとって最適な夕飯時刻は脾臓《ひぞう》が最も活発になる夕方六時なのですが、猿たちにとってはこの時間はすっかり眠くなる時間なので寝床に横になっている、という具合です。

このように、人間と猿の一日の行動パターンを見てみると、正反対であることがよくわかります。

ここで、大変重要な事に言及したいと思います。このことはこれまでどこにも発表されず、誰も言及しなかった人間についてのある事実です。

人間は母親の子宮の中で膝小僧が発達しないまま生まれ、二歳頃にやっと発達し始めます。この発達過程は六歳頃になるまで続きます。

一方、猿はそうではありません。猿は、母親の子宮内で膝小僧がすでに発達します。猿は生後すぐに手足の指を用いて母親の毛をいじることができますし、完全な直立とはいかないまでも自分の足で立つこともできるし、よちよち歩きをすることができます。これは、膝小僧が完成しているからです。

人間が物をつまんだりつかんだり引っ張ったりするには、もっと時間がかかりますし、膝小僧がないので直立で立つこともよちよち歩きをすることもできません。

もうひとつ大きな違いがあります。人間は快楽のためにいつでもどこでもイマジネーションに従って性行為を行うことができますが、猿にはできません。メスが肉体的に準備完了状態に入ると妊娠して子孫を残す目的で自分からオス猿に近づいていくか、フェロモンの一種に数えられる匂いをまき散らしながらオス猿を魅了します。オス猿のほうもメスが準備完了状態に入ったことを確認すると子孫繁栄のために性行為に及びます。

動物の中で人間同様快楽のためだけに性行為を行うことができるのはイルカだけであり、猿を含めて他の動物には見られないことです。

本当の歴史は教科書に書かれていない

学校の歴史教科書には、人間が猿の一種であると記述してあります。歴史教科書というのは統治者の価値観に見合う形でいくらでも改ざんされます。本当の歴史は教科書には書かれません。このことは、歴史を勉強した者ならだれでも知っていることです。進化論とは、科学的根拠のない想像の産物です。

もし本当に人間の進化なるものがあったとすれば、猿と人間の間に数百もの過渡的な形が存在しただろうし、その化石も数多く存在したはずなのです。

完全な形の複合的な特徴を持つ一〇〇万もの素晴らしい化石が残っているにも拘わらず、いずれの化石も過渡期の化石ではないのです。

見つかるはずもありません。存在しないのですから。

政治的な現実は進化論の最新の状態を私たちの目の前に披露しています。実際にはこのような進化など存在しなかったことを、私たちに示しているのです。動物は神が水から創造し、人間は神が土から創造したのです。それ以外の真実などありません。

第五章　宗教と信仰心

人には信じる何かが必要である

人の知性を守り、人に信仰心を与えるのは魂です。それならば、信仰心と関係がある宗教とは、どのようにして生まれたのでしょうか。

この世界に創造された全ての人類は、それぞれのグループ内に信仰する宗教というものが必ず存在します。本質的に人はその信じる対象に頼ったり、結びつきを深めたり、近づいたり、許したりする必要性を感じながら生きています。

このような感覚や考えは、人間が創造された時点からすでに備わっているものなので、人間にとってなくてはならないものなのです。

周囲を見渡してみてください。無宗教を公言する人たちを含めて、何かしらの対象を必ず信じているはずです。そのことは決して正しくはありませんが、古代から現代へと脈々と続いていることなのです。

根底にあるのは、人間が必要とするものを探求するときに大切なことは、正しい確固たる道を見出しうるかどうか、ということです。最初のステップは、正当な宗教と出会い、得体のしれない信仰などからは遠ざかり、自己を発見することです。

次に、自分の中にある力を頭に刻み込むために、経験を通じて知識を超え、知的な判断によって——学問分野の基礎を成す原理の総体としての——哲学の限界を超えることが必要です。

人間とその他の全てを創造した偉大なるアッラーは、最初のころの人類や古代の人々を決して孤独のうちに捨てたりはせず、宗教の真実を伝える人物として、人が到達しうる最も高い地位である「預言者」をこれまで何人もこの世に送りだしてきました。そして、この預言者たちには不死身の聖人たちをそれぞれ遣わしました。

預言者や聖人は、常に私たちと共にあり、アッラーが創造したもっとも聖なる創造物である人類に仕えるためにこの世に存在します。

彼らは不死身であり、いわゆる一般的な「人生」において不死の水を飲みます。この水のことを、とても古い言い方で「ベンギス」と言います。「天国の水」という意味です。

不死の水「ベンギス」のある場所

ここで、「シャンバラ」という地について少し言及したいと思います。シャンバラの地は、チベットやインドやトルコにあるとか、あるいは中国の万里の長城に近い場所にあるなどと色々に言われてきました。

チベット高地にすむイエット族の人々は、振る舞いや身体的特徴から、よく猿に似ていると言われています。その人々はテレパシーを用いて普通の声のトーンとは異なるトーンでコミュニケーションをとっています。彼らにはいわゆる言語というものがありません。

ただし、チベット高原のその土地は決してシャンバラの地ではありません。シャンバラの地はこの世でただ一つです。

シャンバラは、占い師、聖人、学者たちのための場所なのです。シャンバラの地はこの世でありながらこの世では人間が味わうことのできない果実の木や、数多くの薬草、他では存在しない水をたたえた小さな湖などが存在します。

そこは限られた人たち、選ばれた人たちのための場所です。人類のために尽くした聖人や案内人だけが行くことができるのです。その地に存在するのが「ベンギス」と呼ばれる天国の水です。

その水で体を洗い、さらにその水を飲んだ者は、不死を手にいれることができます。それは自らの人生を神と人類のために捧げた人たちだけに許されています。

ただその地へ行って水を飲めばよいというものではありません。アブデスト、つまり、その水で身を清めるという行為をすることが最も重要なことなのです。

そこへ行くためには人はある段階に到達することが必要です。

シャンバラに生えている薬草は、そこを訪れた者たちに「私は若返りの草です」とか、「私は不死の草です」、あるいは「××の病気に効く草です」などと話しかけます。足の裏に塗ると海の上を歩けるようになるという草もあります。シャンバラの地は、このような神秘がたくさん詰まった場所です。

ただし、シャンバラのありかを口外する権限は私にはありません。

ギュルレイハンの香りは比類なき芳しい香り

次に、「ギュルレイハン（バラ・バジル）」ついて説明します。ギュルレイハンは天の世界の第一・第二層に存在し、聖なる人々に死の時を知らせるために用いられる、青い色をした植物です。

アッラーが与えた一生を終えた聖人のもとへ天使たちがギュルレイハンを携えて現れ、聖人にその香りをかがせます。

次に、我々に命を与える存在であるアッラーは、神への愛、つまり永遠の愛によって得た地位を聖人本人に示します。バラとバジルの香りと、神への真実の愛への陶酔が、これから命を召される聖人の血管に流れこみます。すると、その聖人の命は、神への真実の愛と神に対する高貴な愛によって召されるのです。

命を召された聖人にしても他の誰にしても、命を召されたことには気がつきません。死の痛みを感じることはありません。死んだことすら認識できないでしょう。死の兆候がない以上、周りの人たちもその聖人が死んでしまったことを隣にいてその目で見ていながら気がつかないのです。

驚くべきことに、聖人、つまり『クルアーン（コーラン）』の秘密に到達しえた人物は不死身なのです。聖人たちの命は聖人たちから離脱しません。聖人たちの墓を訪れると、それぞれ異なる香りが漂ってきます。

前述の通りギュルレイハンは第一・第二層に存在するアッラーに選ばれし人々のために育てられた

青い色をした植物です。その香りはアッラーが最も好む香りとされ、聖人らに報《しら》せをもたらすために香ります。

どの聖人も、その墓から漂う香りはそれぞれ異なります。ギュルレイハンの香りはこの世では比類なき芳しい香りなので、その香りのおかげで墓地を訪れた人はどこに聖人の墓があるかすぐにわかります。

墓場に埋められた聖人たちの肉体、つまり「死体」が死臭を放つことは決してなく、何年でもそのままの状態を保ちます。ギュルレイハンの香りをまき散らしながら、彼らは普通に私たちの中で暮らしています。

人類を支え続ける聖人たち

聖人たちはこの世をアッラーの命令を受けて管理しています。いわばアッラーの補佐役として、人類にもたらされた教師たちといったところです。

少なくとも三〇〇万年前からこのような状態が続いています。

過去、現在、未来においてアッラーのために在り、人類と他の惑星をもサポートするこの聖なる人々は、普通の人間には目に見えず、理解もされない形で私たちの間に存在しています。

これまでずっと人類に仕え、現在も人類をサポートし続けているこれら聖人たちのおかげで、私は今自分が持っているような種類の能力を手に入れることができたのです（アッラーに感謝します）。

聖人たちとは、すなわち「不死身の神々」と言ってよいでしょう。彼らについて説明できるとしたら、以上のような表現しか見当たりません。

私たちは彼らのことをトルコ語で「ヤルヴァチ(17)」とか「エヴリヤーラル(18)」と呼んでいます。

宗教の創始者はアッラー

宗教には二種類あります。一つは神が与えた宗教です。もう一つは、自分を神であると宣言する不届きな人間によってでっちあげられた「宗教」です。

この世を創造したのはアッラーであり、人間に命を授けたように全世界の生き物に命を授けたのもアッラーです。さらに、アッラーは私たちに知性を与えました。結局のところ、私たちはアッラーが望むとおりに生き、生かされているのです。

これを否定することはできません。人間はアッラーの望んだとおりにしか知識を得たり発展させたりすることはできないのです。アッラーの持つ知識を人間が超えることはおろか、想像することもままならないのです。

たとえこの世の樹木という樹木全てを伐採して筆を作ったとして、海という海全て、いやそれどころかさらに七つの海を足した分のインクがこの世に存在したとして、それら全てを使い果たしてもなお、アッラーがお記《しる》しになる言葉は尽きないのです。

(17)トルコ語で「預言者」や「使徒」を意味する単語。Yalvaç と書かれる。
(18)トルコ語で「聖人（たち）」を意味する単語。「エヴリヤーラル　evliyalar」は「エヴリヤー evliya」の複数形。

ことほどにアッラーとは偉大であり、私たち人間は小さく無力な存在なのです。まずは、私たちはアッラーへの敬意をこめて、アッラーのお創りになった被創造物を愛しましょう。私たちは完全無欠な存在ではないので、だからこそ常に探求したり色々なことに興味を持ったりするのです。

中には、遠いところまで出向かされたり、運だめしをさせられたりする人たちもいます。たとえ人間が全人生をかけて学問を修め、それによって知識を得たとしても、アッラーの持つ無限の知識に比べれば、そんなものは取るに足らないものなのです。

ただし、人間の中には「選ばれし者たち」が存在し、この人たちから私たちにもたらされた「真のメッセージ」というのが存在します。宗教の創始者はもちろんアッラーですが、アッラーを信じる者は必ずアストラル界からのサポートを受けることができます。

アッラーと人間の間は、七万枚のカーテンで隔てられています。人間を監視するのは天使たちの役目ですが、この天使たちが自分たちの意思でアッラーのもとへ行こうとすると、五万年もの道を行かなければなりません。

私たちの時空にとっては五万年ですが、あちらは宇宙の時空概念が存在します。そして、アッラーが望みさえすれば、一瞬にして何もかも移動させることができます。もちろん天使たちを呼び寄せることもできます。

人間はアッラーに帰属する

知性は信仰心の門番であり、思考の光で照らされていなければなりません。光によって照らされていなければ、人間は決して真実に到達することはできません。

人の意思から生まれる行動をコントロールするには、正しい宗教を見つけること、あるいはアッラーを信じることが必須です。

それには、常にその人の行動を管理し、あらゆる条件・状況下でもその人の行動を監視する視線がなければなりません。イスラームではアッラーはあらゆる条件・状況下の全ての人間のあらゆる出来事を観察しています。天使たちも人間たちを観察しています。

無神論者によれば、信仰とは策略や推測であり、無限の特性を持つ説明不能な人を動かす力の源泉なのだそうです。しかし無神論者たちは宗教とアッラーの存在の権威的な特性と人の一生に対する多大な影響力について、明確な説明をできないでいます。今後も説明することはできないでしょう。

アッラーは祝福の国においてすべての人間を平等に創造されました。アッラーに帰依する者は天国に招かれ、帰依しない者は地獄に落とされるのです。

いずれにせよ、人間は死んだら必ずや創造主のもとへ戻ることになるのです。

人間が何をどう探索したところで、最終的には創造主であるアッラーのもとへ行きつき、対面することになるのです。

生きている間もそうであるように、私たち人間は死後においてもアッラーに帰属しています。

人間は死ぬ前の人生で全てを学ぶためにやってきます。

間違いを正すためにやってくるのです。

この世は一種のイリュージョンの世界だとも言えます。ある人は生まれる前の記憶、またある人は生まれる瞬間の記憶を持っています。

潜在意識というものは、人がある段階に達したときに思い出すことができるものなのです。それはつまり、生まれながらに神秘的な力を有する人たちのことです。

第六章　学問と宗教、その差異

歴史の舞台で残り続けた宗教と神

次に学問と宗教の間にある差異についてみていきましょう。

学問とは、物的世界と生命、特に人間という存在がいかにして存在するのかを研究するものであり、この世界に発生するものごとについての様々な完璧なる法則を発見していきます。この法則のおかげで人間の技術的進歩や文明の発展が可能となるのです。

一方宗教とは、宇宙や物的世界がなぜ創造されたのか、創造主とは誰なのか、といった問題を取り扱います。特に、人間存在の中で例外的な位についている人物や、創造の目的、この世界における本質的な役割などを明確化します。

人の歴史は必ずしも素晴らしい出来事だけで構成されてきたわけではありません。でも、人を人たらしめている「知性を用いる」という特別な能力は、人生経験を積むことで十分発達させることができるよう――人間が存在した瞬間から様々な時代において宗教的知識を加えながら――徐々にその重要性を増しつつ今日まで受け継がれてきたのです。

人類史上、歴史の舞台の上に残り続けることに成功した稀有な「現象」の一つが、宗教と神です。民族学や人類学の知識によれば、この「現象」は数千年あるいは数十万年前の狩猟採集社会に端を発するとも言われています。

この「現象」をその起源において根底から支えているのが「聖なる書物」と「預言者」の存在で

す。

宗教の持つ根本的な力は、独裁者に利用されうることもあるし、あるいは独裁者を生みだす可能性もあります。ここまで生き残り続けたこの「現象」が、無知無教養な輩によって学問の対抗勢力として、つまり武器として利用されたのです。ただし、学問と宗教は全く異なる別の世界に属しています。

人類最初の宗教と最後の宗教

さて、人類にとって最初の宗教とはどの宗教なのでしょうか？　人類にとっての最初の宗教は、最初の人間であり預言者でもある、聖アーデムに下された、アッラーの唯一性を信じることを原理とした「タウヒード[19]」です。

社会学的な研究によっても、人類にとっての最初の宗教はタウヒードであることが証明されています。

宗教歴史学の研究者で社会学者でもあるシュミット[20]は、地球上に存在する最も原始的な集団であるピグミーについての研究を行った結果、ピグミーの間で「唯一神への信仰」が存在することを発表しました。

シュミットがこれを発表したことで、デュルケーム[21]が唱え、ヨーロッパで広く信じられてきた「人類最初の宗教はトーテミズムである」という説は否定されまし

(19)イスラームにおける一神教の概念であり、イスラームにおける「一化の原理」を意味する根本原理。

(20)ウィルヘイム・シュミット（1868年～1954年）。オーストリアの言語学者、人類学者、民族学者。

(21)エミール・デュルケーム（1858年～1917年）。フランスの社会学者。

た。

次に、いわゆる「迷信」はどのようにして生まれたのかを見ていきましょう。聖アーデム以後、時代が下るにつれ、人間たちの一部はエゴにまみれたり悪魔に教唆《きょうさ》されてタウヒードの教えから遠ざかってしまいました。

正しい宗教を忘れてしまい、誤った信仰に陥ってしまったのです。こうして、いわゆる「迷信」、誤った宗教が生まれたのです。

人間が正しい宗教から遠ざかり誤った教えを信じ込んでしまうたびに、アッラーはその人間集団に新しい預言者をと宗教を送り、タウヒードの教えへと人々を招いたのです。

ところが、人間たちの一部はこれを受け入れたのですが、一部は誤った教えを信じ続けました。正しい宗教を信じないだけではなく、正しい宗教に戻った人たちの邪魔をしたり、迫害や拷問などの手段に訴えたりもしました。

正しい宗教を信じる者と信じない者の間の闘いはいつの時代にも存在し、今日まで続いています。私たちが生きる今の時代にも、呼称が異なることもあれば、形が違うことがあっても、同じ闘いは続いています。これは終末の日まで続くことになるでしょう。

では、人類最後の宗教とはどの宗教なのでしょうか？　人類にとっての最後の宗教とは、タウヒードの宗教であるイスラームです。「イスラーム」とはそもそも「(アッラーに)帰依すること」という意味なのです。

私たちの生活に恩恵をもたらす聖人の働き

現在の私たちの生活を容易にしてくれている様々な生活の知恵や、年月や時間の時の数え方は、シュメール人[22]が人類にもたらしてくれたものです。

シュメール人がこのようなことを発見することができたのは、シュメール人の中に聖人たち――別の言い方をすれば、聖人たちが魂の移動を行ってシュメール人たちの肉体に入り込んだ――が存在したからです。

聖人たちは文字を発明し、年月や時間をシュメール人たちに教えました。ノアの洪水以前、あるいは紀元前二六〇〇年代より前の王の在位期間は長きに渡りました。

当時の王の在位期間を示す言葉は二種類あり、ひとつは「サル」で、「一サル」は三六〇〇年でした。もうひとつは「ネル」で、「一ネル」は六〇〇年でした。

「天から王権が下されたとき、王権はエリドゥ[23]あった。エリドゥの王としてアルリムが君臨し、彼は二八、八〇〇年間在位した」と、「シュメール王名表」に明記されています。

確かにこれは人の一生としては異常に長い期間です。このような長寿が可能となったのは、不死身である聖人たちが彼らを手助けしたからです。

「時」という概念は、実は私たちがそれと信じているものとは異なります。私たちの

⑵古代メソポタミア文明（現在のイラク・クウェート周辺）最古の都市文明を築いた民族。
⑶古代メソポタミアの都市、またはその都市を拠点とした国家。シュメールおよびメソポタミアの都市国家間の南端に位置する。

考える「時」というのは、私たち、つまり人間の認識できる範囲内で生起し、ある一定の形で認識されているにすぎないのです。

人間の脳内で「時」という概念は、宇宙を認識するために人間が用いる五感でもって認識されています。ただし実際は限界も終わりもない「普遍的な唯一の瞬間」なるものが存在し、この「唯一の瞬間」のことを、人間は認識可能な「時」という概念として認識しているのです。

真の「時」は、宇宙の「時」のことで、そこには夜や昼の区別はありません。神により選ばれし聖人たちは、その時空に教育目的で連れていかれることがしばしばあります。

では一般の人たちと関わりはないのかというと、そんなことは決してありません。一般の人たちは常に睡眠中にその時空から手助けしてもらっています。人はアストラル界に連れて行かれ、必要な知識を授けられ、しかる後にこの世に戻ってくるのですが、そのことはすっかり忘れるようになっていて、決して思い出すことができません。

出来事の全ては宇宙であらかじめ計算・計画されている

宇宙における森羅万象は情報として存在するため、すでに何もかもが「すでに起こったこと」なのです。つまり、私たちの生きるこの宇宙でこれから生起する出来事は全て、宇宙であらかじめ計算・計画されたものであり、しかるのちにアストラル界において現実となるのです。

ただし、認識力が限られている一般の人たちは、「森羅万象全てを網羅する全情報」のうち、認識できる限りのものだけを認識します。つまり私たちは、ホログラム的秩序である「過去」「現在」「未来」の範囲内に属する情報を認識しているのです。これこそが、私たちが存在する私たちの宇宙なのです。

アストラル界において選ばれて教育を受けた人たちは、第一段階としてこれらの知識を自己防衛のために使い、第二段階として他者への情報提供のために使います。決して人より優位にあるとか、称賛されようとしてこの知識を用いることはありません。

魂と肉体が完全に統一されると、冷静かつ強靭な人格と、柔和な性質を帯びることができ、限りない信頼を置くアストラル界からのパワーをもらって人類を援助し仕えるため、来るべき命令を待ちます。この世で奇跡と言われる事象を起こしているのは、全てアストラル界なのです。アストラル界は、宇宙が存在すると同時に存在します。

私たちが住む惑星とは別の惑星で、私たち同様の生活が営まれています。あちらに生きる「生き物」の形態は私たちのそれとは異なります。

真に価値あるものは失うまでわからない

人間の魂や思考は別の世界に属しています。魂や思考が肉体との繫《つな》がりを失ったとき、魂は無限の自由を手に入れてこの世と別の惑星の間を自由に行き来することができます。

また、思考を通じて他の人間たちに手助けすることもできます。

思考能力を別の形でコントロールすることができれば、テレパシーを使うこともできます。人類にとって最初の言語はテレパシーです。

これは、普遍的な言語です。今世紀の人間は、この普遍的な言語を用いることになるでしょう。

次のことを忘れないでください。古代人はアストラル界を旅することができ、優れた視覚能力を有していたため透視能力があり、空中浮遊ができ、アッラーのオーラを見ることができた人々なのです。

ところが、人間がこの世の人類の発展のためにこの能力を利用するのをやめ、私利私欲のためにこの能力を利用するようになってから、アッラーは人間からこの能力を奪いました。

人間たちは、アッラーが人間より優れており、人間が見ている以上のものを見ることができるという事実を忘れ、アッラー殺害を企てもしたのです。そのようなわけで、人類が魂の中に持っていた「第三の目」は閉ざされてしまったのです。

そもそも古代人たちがテレパシー能力を失うと同時に、この世に大混乱が生じ戦争の嵐が吹き荒れたのです。

人間とは、すでに持っている最も価値のあるものを失うまで、その価値に気がつかないものなのです。それどころかもっと多くを求めさえします。

自分の手の中にあるものの価値を知る者は、成功を手に入れ運気もアップします。

アストラル界から頂いた特別な能力と知識を持つ者として、私に見えているものや知りえたことを皆さんが理解できる形でお伝えすることが私の役割です。

第七章　思考の形

自分に合った思考の形を手にする

思考は私たちが望む場所にあります。

私たちは思考の方向を、私たち自身の魂や私たち自身の思考の形から受け取っています。全ての人間には異なる思考の形や方向があり、私たちはこの思考の形のおかげで手に入ったものも、また失ったものもあるでしょう。

ポジティブな考えの持ち主が自分以外の人のため――つまり普遍的に人類のためにある事について腰を据え、熟考を重ねた上で行動すれば――ほんの少しの行動を起こすだけでアストラル界からの援助が期待できるということを知っておいて欲しいのです。

この世に生きる人間全てに創造主であるアッラーは同レベルの思考の形を与えました。物事をプラスに考えて実行する人には必ずやその対価が支払われます。それが早いか遅いかの違いはありますが、辛抱強く結果を待つことで、人間は欲する対象の物事の核の部分を見つけることにつながります。

自分に合った思考の形を作り出したいのであれば、「独りになること」です。それによって、あなたは必要な思考の形を簡単に手に入れることができるでしょう。

一番理想的なのは、まず、部屋で独りになって横になります。それから目を閉じて深呼吸をしながら、最低でも十回ほど「三、四メートル浮かんでいる」情景を思い浮かべてください。

難しいかもしれませんが、心の深い部分で考えてください。絶対にできると感じることができるはずです。自分を信じつつしつこいぐらいに試せば、きっと成功するでしょう。実際はそれほど難しいことではないのです。きっとできます。魂はあなたの望んだとおりの場所、つまり宙に浮くでしょう。あなたは思考の形によって、とてつもないことをやってのけるという喜びを経験できるのです。

思考には必ず対価がある

そもそも人生とは一事が万事このようになっているのです。

例えば、時としてあなたには到底手に届かないようなとても遠い場所にあるものもあります。あなたはマイホームを購入したいと考えているとしましょう。

でも、あなたの経済状態ではとても手が届きそうもないとします。しかし、思考の形を集中させることで、これを間違いなく成功させることができます。

時間はかかるかもしれませんが、辛抱強く待ちつつ、仕事も途中で投げ出したりせずに継続させることができれば、念願のマイホームがきっと手に入ることとなるでしょう。

人間の人生におけるあらゆることがらには、必ず対価があります。思考の形が発展すれば、それに伴って今度は他の障害が立ち現れるでしょう。でもそれも経験です。

人生で成功を収めるため、あなたに多くのものを与えてくれるパワフルな思考の形は、時がくればあなたに備わります。人間には高い潜在能力があります。この潜在能力の一部が、活性化の時を教えてくれます。

大変化を実現させるには、人はアクティヴである必要があります。宇宙では何もかもが反射によって発展していきます。人間も自分のエネルギーを反射させることで存在することを感じ、思考の形によってこれを発展させられたり狭められたりします。それは、その人次第です。

私たちの肉体には様々な遺伝子が存在します。私たち自身がアクティブにならない限り私たちはこれら遺伝子に気がつくこともありません。そうなると、思考の形も有効利用されないことになります。決して投げ出すことなく、自分自身に打ち勝つ必要があります。

次のことを忘れないで欲しいのですが、この世はイリュージョンです。何事も試しながら学んでいく世界、過ちを正す世界です。

この世界に幻滅してしまう人がいます。ところがこういう人たちの気質自体はとてもパワフルであって、決して病気ではありません。痛みもありません。ただ、引き籠ってしまい、何かをする気力がなくなっているだけです。

でも、新しい思考の形を作り出すために一度でも自分の背中を押す必要があると感じれば、あるいは知らず知らずのうちにそれを期待しているようであれば——例えばこの本を手に取ったのなら——あなたはとっくに気力を取り戻しているということです。

正しく歩めば困難を克服し良い方向に進む

では、思考の形によってもたらされる人生における新しい秩序が、あなたに何をもたらしうるかを見ていきましょう。あなたをとりまく周囲の人々は、あなた自身のエネルギーの反映です。

まずはこの点を確認してください。内面世界における思考を他の次元に対して閉じこめてしまうと、普遍的な意味での法の中では同意を得られないこともあります。人間とはそのような生き物なのです。

普通人間は、自分が気に入っている表現方法以外のものを認めようとはしません。人間は何に対しても最初は尻込みをします。でも実際はその事柄が、その人に必要不可欠なものであり、喉から手が出るほど欲していることでもあったりするのです。

覚せいすることは難しいかもしれませんが、その人が正しく歩んで行けば、困難を克服してこの覚せいを認めることになり、その人は良いほうへと変わります。

時として無駄なことに足を突っ込んでしまうことがあります。不可抗力の場合もあります。そういうときはすぐに屈することなく、深いところから訪れる予感に頼ってあらゆることを想定し、あなた自身が電磁場に存在していることを理解するように努めてください。

例をあげてみましょう。道を踏み外したある人物がいるとします。その人が電磁場に閉じ込められて出口を見つけられず、正しく考えることができなくなっているとすれば、そこから解放されるチャンスは少なくなります。

でも、たとえ困難な条件下にあっても人は良い思考の形を発展させることができます。アッラーとアストラル界からの助けを借りて救われることを知っている人は、どのような不正や困難からも逃げ出すことができるでしょう。

自分を信じるからこそ物事は肯定的に発展し進歩する

人間は誠実に生きている間は存在し、前進します。悪意や不正な利益に対しては必ずその対価を支払うことになります。そういうものなのです。真実が仇をとり、結局は確固たる信念と信仰心を持つ正しき者が勝利を得るのです。

何もかも否定することは人間にとっての一番の敵です。恐怖は魂にとっての敵です。嫌悪の情は愛情にとっての敵です。これは、人間という生き物が、自分との闘争において出した答えです。

人は人生における真実の愛のあらゆる在り方を認めることによってのみ進歩します。なぜなら人間はとても多面的な生き物であり、初めて接した物事に最初は尻込みしたとしても、しばらくすると最適な形でそれを発展させたり高めたりすることができます。

信頼感を抱くことは人生における新しい方向性を開くための根本的な薬です。

自分を信じるからこそ物事は肯定的に発展し、私たちも進歩するのです。迅速でパワフルな変化は自分を信じるからこそ可能となるのです。

また、自分を信じるからこそ、私たちより高次元の存在の周波を感じ、理解することができます。記憶を懸命にたぐりよせて思い出を紐《ひも》解いてみることは、過去の出来事の良い面と悪い面両方から学ぶことができるという意味で有益です。人間は悲しみによって前進したり進歩したりもしますし、喜びによってもまた同様です。

ただ、この二つはいずれも永続性はありません。人生には流れがあります。誰も人生を止めることはできません。それをできるのはアッラーのみです。沈む太陽を止めることができるアッラーに選ばれし人々というのが存在します。その人々については後ほど詳しく書くことにします。

希望は人間の心の扉を開く

書物は、人々に知識を与えるために書かれるべきであり、また、知識を得るために読まれるべきものです。良き書き手であるということは、大きな段階を経て素晴らしい経験を得たということを意味しています。

私は決して優れた作家ではありません。作家として生まれたわけでもありません。私自身の知っていることを正しいとも言いません。私の持っている知識は、アストラル界から教わったことです。人の世界では時として何もかもが単純化されます。インターネットで検索したことや名人芸のように他の本から引っ張ってきてコピーすることで「良き作家」になることもできます。私の文章の形態は、他の本の著者たちとは異なります。

優れた芸術家は時として魂が肉体から飛び出して、一度死を経験します。意識的に行う人もいれば、そうでない人もいます。優れた歌手や俳優たちも同様の経験をしていますが、その人たちはそれに気がついていません。中には気がつく人もいますが、尋常ではない出来事のためその瞬間について上手に説明することができません。

自分の説を人に教えるのであれば、その内容についてまずは自分が経験してみなければなりません。この世に作品を残すような優れた芸術家であれば、睡眠中の夢の中、あるいは起きている間でもありうることなのですが、必ず死を経験します。

この種類の人々は、間違いなくアストラル界の神秘を経験します。

人はその経験を得て不朽の名作と言われる本や歌を生みだし、忘れがたい映画のワンシーンを作り出すことがあります。学者たちも学説を生みだすときには必ず神秘的なアストラル界の力を借りています。

人間は失った全てのものに対して辛抱強くふるまっていれば、自然と償われていくものです。性急に同様の行動を起こしたところで代償されるわけではありません。

どんなに努力しても真実を失ってしまったのであれば、それは二度と元には戻りません。

でも、努力することでその人には別の扉が開きます。

もしかすると、失ったものよりももっと良いことができたり、見つけたりする可能性だってあります。そのことは、その人の信念とそのときの思考の形によります。

変化はいつでも訪れます。

希望は人間の心の扉を開きます。

何事に対しても希望を捨てないで挑む人は、思考の形をどんどん豊かにしながら、その人が持っている知識や情報を周囲の人たちのために使って助けてあげることができる人です。

思考の形を発展させることで、不可能なことを可能にすることができます。何事も思考の形がなければ根源的な部分で何事かを手に入れることはできないのです。

人間の思考の形を発展させ、善い方向へ導くのもまた創造主であるアッラーの与えたもうた運命と資質なのです。アッラーに対する信仰心がない人たちの思考の形には限界があります。

自分を信じるためには聖なる存在を信じる

また、本書で私は皆さんのお手伝いをするために、皆さんそれぞれのラッキーデイや何かを始めるのに最適な時期などについて――他の誰も知らないアストラル界からの情報を――お教えしたかったのですが、お一人ずつそれぞれの悩み事に耳を傾けることが適わないため、大変残念なことにその情報をここに書くことができません。

人にはそれぞれ相性のいい人や場所、あるいは相性の悪い人や場所というのがあります。私は相談にやって来てくださる相談者の方々と一人一人面談し、その相談者の方の名前を私独自の計算システムで見ていきます。

また、その方がお住まいの住所についても、そこがその人にとってどのような場所なのかを見て、キャパシティーを計算するというやり方で相談に乗っています。

このオ能は、私が生まれながらに持っているものですが、アッラーが私にもたらしてくださったアストラル界の手助けを得ながら発展させてきたものです。

本書の読者全員とお会いすることはできませんから、本書ではいまだ知られていないいくつかの真実についてお伝えするにとどめておきます。

まずはアッラーの存在を信じてください。

アッラーは目には見えませんが、私たちは死んだらその顔を月の姿を見るようにはっきりと見ることができるでしょう。

通常の世界でアッラーの姿を見たという人はいません。

ただし、その声を聞いたことがある使徒や聖人や預言者というのが存在します。

私は、私が信じる宗教であるイスラームのことだけに言及しているのではありません。本書は普遍的な観点から書かれています。

アッラーが創造した聖なる存在を信じる者は、アストラル界から本当の手助けを得ることができ、自分自身をより進化させていい方向へ持っていくことができ、永久的に自分を信じることができるようになります。

これは、人間の人生において必要不可欠な要素です。

ただし、狂信的な信仰者となって周囲の人たちの思考の形をダメにしてしまう人たちがいますから、十分に注意してください。

オカルトの学びは一対一でなければならない

物事の真の部分は、人間が構造的に理解できる知識の蓄積によって成り立っています。闇雲にたくさん本を読めばいいというものではありません。

ただ単に読むだけでは進歩しません。目で見て、心で感じて、頭で理解して、全てをキャパシティーいっぱいまで認識することが大切です。

性急に知識を詰め込んでなんでも急いで行おうとする人が失敗をするというケースがあります。本の内容を理解できない場合もあります。

あまり無理をすると思考の形にダメージを与えてしまうことがあります。

特に、オカルトというテーマにおいては、性急に知識を得ようとしてもダメで、逆に思考の形や周期を壊し、後退してしまう恐れがあるのです。

一番いいのは、時に身を委ねてその時の自分に必要な情報を待つことです。

とても残念なことですが、今私たちが生きている世界にはあまりにも多くのものが溢れかえっていて、中には騙されてしまって、最初にお金を、次にその人の時間も人生も失ってしまうというケースもあります。

オカルトの世界では、手助けを求める人に対して直接お手伝いするのが本当であって、オカルト自体は代金を支払って学んだりするものではないのです。

また、そのようなスクールで、古代から脈々と続く魂や肉体についての本当の知識を与えることはできません。もしある人がオカルトの世界に足を踏み入れたのだとしたら、そもそもその人を選んだその人にとっての師が存在するはずです。

ごくまれに私のようにアストラル界からの手助けを得ているタイプの人もまた存在します。お金を払ってワークショップやリコネクティブ・ヒーリングのセミナーなどに通うことは、決して正しい道とは言えません。

全ての人間は、多かれ少なかれこの手の才能や感覚を持っています。どこかに通ったりする前に、自分自身の思考の形を深め、選び抜かれた本を読んでご自身の本質を見つける努力をしてください。

あちこちにお金をばらまいて自分を見失ったりしないでください。自分自身が持っているものを発見することもできずに、そのような場所へ足を運んでいてはあなたが持っているものを全て失ってしまうかもしれません。

人は時としてそうとは知らずに自分がすでに持っているものを、わざわざ別の場所で見つけ出そうとして探しまわります。本当の師を見つけるまで、そのことに気がつけないのです。

それに、このことも書いておく必要がありますが、オカルトというものは決して集団を相手にして伝授するものではありません。

オカルトは一対一でなければなりません。

集団で学べるのは宗教です。

信仰や聖なることについて集団で学ぶことは可能です。宗教上の師匠が誠実な人物であれば、もしかすると魂や肉体についての知識も教えてもらえるかもしれません。

通常、肉体と魂についての素養がない人の肉体にオカルトは入り込みません。ただし、自分自身でオカルトを習得できる人たちというのが存在します。

思考の形が豊富で頑固、負けず嫌いで困難にぶち当たっても諦めないタイプの人たちがそれで、完全にではないにせよ、自分自身にも周囲の人たちにもそれなりのものを与えることができるでしょう。

人間は誰しもこの世界に居場所があるものです。まずは自分自身の思考の形を持たなければなりません。そして、まずは自分を、次に創造主の存在を信じてください。そうすることで、正しい道を見つけてください。

創造主の存在を信じない限り、アストラル界から本当の意味での援助は期待できず、自分自身を信じることも叶いません。

アッラーの助けを借りて第三の目で見る

これからここに書き記すことは、大変興味深い話だと思われるでしょうが、全て真実ですので、よく覚えておいてください。

今現在、数多くの占い師が存在します。ですが、そのうちの多くは相談にやってくる人たちを助けるどころか、その人たちのことが実際には見えてもいなければ、理解してもいないのが実態です。

でも、相談者は何か模索しているところなのです。理解してもらえないようなことを誰かに理解して欲しいと思っていても、誰も見つけられないでいる、そういう人たちです。

私のやり方はとても根源的なのです。例えば、部屋に相談者の方に一人だけで入ってもらいます。三十分から一時間、あるいは一日かかるかもしれませんが、その人について確信が持てるまで私に時間が与えられたとしましょう。

その上で、その人について私に質問してみてください。正確にその人のことを言い当てることができます。

私は目で見る必要がありません。

魂の光と聖人たちからの援助、そしてアッラーの助けを借りて、第三の目で見ることができるからです（アカシックレコードでは目で見る必要はないのですが、後述するように私の用いる方法はアカシックレコードとも違うのです）。

部屋に入ってもらった相談者についての細かい情報を、私は間違えずに答えることができるのです。

これができるのは、世界でも数えるほどの人しかいません。そのうちの一人は私がアストラル界に招いた教え子です。神の許しを得て、アストラル界からの承認ももらっています。

その教え子とは、私の妹のエミネ・オルサー（一九七五年生まれ）です。妹と一緒に力を合わせれば、実に多くの物事を成功させるチャンスがあります。

「前世動物説」は嘘

次に、とても重要なことを書いておきたいと思います。私のところにやってくる相談者の中には、別の占い師にこのようなことを言われていたりもします。

曰く、「あなたは三〇〇年前（あるいは五〇〇年前）、猿だった（あるいは蛇、あるいはウサギ、あるいはその他の動物）」というものです。

これは嘘です。そして、同じ相談者が同じ占い師のもとを訪れると、今度はまた別のことを言われます。「今日はそれが見えた」などと言って。

この手の占い師には、次のように試してやればいいのです。

まず、最初に占い師のもとを訪れるときには「私はこの世に何度やって来たのか」と問うのです。相手は嘘だろうと何だろうと、とりあえず何かしらの数字を言うでしょう。

数日経ってからもう一度同じ占い師のところへ行ってみてください。でも、数日前に自分が何を言ったか覚えていないでしょう。中には、あなたのことすら思い出せない人もいるでしょう。

この「前世動物説」なるでたらめは、一体どこでどのように生まれたのでしょう。

エンペドクレス（紀元前四九〇年頃～紀元前四三〇年）という、古代ギリシアの哲学者であり政治家であった人物がいます。彼はアクラガス、つまり現在のイタリアのシチリア島アグリジェントに生まれました。

ヘラリトス（紀元前五四〇年?～紀元前四八〇年）やパルメニデス（紀元前五四〇年～紀元前四五〇年）の影響を受けた人物です。

自分は神であり不死身だと主張し、火山であるエトナ山の噴火口の中に入ってみせると豪語し、噴火口の中に入って死亡したと言われています。

彼は六十歳ぐらいのころにシチリア島とは別の島で生きていたという説もあるのですが、哲学史家のディオゲネス・ラエルティオスは、エンペドクレスが履いていたサンダルの片方が、火山の噴火によって飛び出したと書いています。

さて、このエンペドクレスですが、魂を肉体という牢獄から自由にさせるために、いくつかの方法を提示しています。まずは、肉食の禁止です。彼は、『自然について』と『清め』という二冊の著書を残しています。

この世のすべての物質は「アラッスィル-イ-エルバア（四要素）」、すなわち「火」、「空気」、「水」、「土」が様々な率で混ざり合ってできていて、物質の変化は愛と争いの本質が存在することによるのであって、創造主の成したことではないと説きました。

もう一人の哲学者はかのピタゴラス。彼はサモス島で生まれ、後にシチリア島に渡っています。そこで、宗教的・政治的な特色を持つピタゴラス教団を設立し、半神であるとか預言者、あるいは奇跡を起こす者と自称しました。

魂は知識によって清められると信じ、魂の移動を信じた人です。

幾何学と音律を発見し、この世に新しい知識をもたらしたことでも知られています。全ての物質の根源は数であると主張しました。

自ら神を名乗ったこの二人の哲学者たちの展開した意味不明の理論が、「人間は死ぬと動物になる」というものでした。

悪いことをした人は動物や石になり、善いことをした人は天国に行けるという理論をもたらしたのです。ここから端を発したこのでたらめの説が、現代においてもいまだ生き続けているのです。

しかしながら、再三申し上げているとおり、人間は人間として生まれ、死後はアッラーが天国と地獄で善人と悪人を見極める。これが真実です。

第八章　聖なる書物が語ること

宇宙より広大で古くから存在する「天に守られし書」

この世には、目にも見えなければその痕跡も残らず追跡できない種類のものが存在します。それは感情や知性の向こう側にあるものなので人間には把握できません。

ここで少し天国について説明することにします。「アルシュ」と呼ばれるところが天の一番高い場所です。アッラーの能力とその多様性が示されるアルシュは、天空の世界の第九層にあたります。「キュルスィ」はアルシュより下の層にあり、ルビーのような深紅色をした世界で、足元は深淵かつ広大で計り知れません。「キュルスィ」は「アッラーの知識」を意味すると考える人たちもいます。

「レヴフ」はアルシュより下の層にあり、アルシュからの聖なる光に照らされ、黄緑色とルビーのような深紅色が取り囲んでいます。ここには、アッラーの全能の知識によってこれまで起きた出来事とこれから来たる出来事の全てが書かれているという、「天に守られし書」が存在します。

一本のペンの長さが私たちの単位に換算すると一〇〇年にあたる時空にその書物は存在し――書物の巨大さは推して知るべし――、エメラルドグリーン色に包まれた白色の聖なる光のインクを用いて、アッラーの命令を受けた天使たちによって書かれたのがこの書物です。

つまりは、宇宙より広大で宇宙より古くから存在する書物、それが「天に守られし書」なのです。

トルコ人がビザンチン帝国の都であるコンスタンティノープル、つまり現在のイスタンブルを征服するにあたり、光の教師たちの一人である聖アクシェムセッティン(24)と聖フズル(第八章「P一二八〜一二九」を参照)の二人が相談し、イスタンブル征服がいつ実現されるかを「読んだ」ことがありました。当時弱冠二十三歳だった、後に征服王の異名で知られることとなるメフメット二世に、一四五三年五月二十九日がイスタンブル征服の日となるだろうことを二人は進言したのだそうです。

征服には五十三日を要しました。準備もそこそこに戦争を開始したのは、「天に守られし書」に書かれている征服日を二人が読んだからです。これほど信頼できる書物は他にありません。

「天に守られし書」は、地球規模の凝縮装置の中で不変なる神の手により過去と未来についての全ての情報が盛り込まれた書物です。ただし、この聖なる書物を見ることができるのは光の教師たちだけです。

この世界よりももっと古い歴史のある書【dyzrd】

世の中には、「聖なる書物」と「そうでない書物」がありますが、それとはまたまったく次元の違う書物というのが存在します。それは、【dyzrd】(ディザート)という名の本で、偉大なる作家や旅行家たちがこの本を探し求めています。

(24)1389年〜1459年。ダマスカス生まれ。15世紀最大のスーフィーの一人で、様々な方面の知識に明るいトルコ人知識人。

この本は、この世界よりももっと古い歴史を有しています。本のページがめくられると書かれている内容が映画のフィルムのように流れていき、読みたい場所や必要な箇所を読むことができるようになっています。

私のように選ばれて教えを受ける機会がある人なら、何も特別なことをしなくてもこの本を読むことができます。現在の世界でこれを実践できるのは数人だけです。

その時が来て許しを得ることができれば、この教えを得た人々の名前を紹介したいと思います。

ただし、今説明した本は、決してアカシックレコードのことではありません。

アカシックレコードは、地球の記憶という意味です。アカシックレコードには地球誕生以来、この地上で生起した全ての出来事が記録されています。アカシックレコード特有の波長をキャッチできれば、そこには古代文明の宗教的知識を数多く見出すことができるでしょう。

古代において特に宗教指導者たちは上記の方法を用いて、自分たちの属する時代よりもさらにさかのぼった時代の文明についての神秘的な出来事を知ることができたのです。

アカシックレコードは、決して目で確認できる波長ではありません。目で見る必要はないのです、肉体で見るのです。

古代文明においては、盲人の子どもたちに特別な教育を施しました。盲人たちはよりアカシックレコードをはっきりと読むことができたからです。

彼らは最もアカシックレコードの波長をキャッチしやすく、教育を受けていればそれを読み解くことができるようになります。

残念なことに、アカシックレコードを視覚と脳で認識するものだと主張する人が世界中に多く見られます。この手の人たちはアカシックレコードについての一般的な知識を持たない人々で、何一つ見えてなどいません。自分自身を含めて、信奉者たちのことも一時的にではあれ騙しているのです。

さて、選ばれた人間たちが意識的になることで見ることができるこの聖なる書物【dyzrd】は、選ばれた人間たちがアストラル界に連れて行かれたときに必ず見ることができます。

普通の人たちも睡眠中にアストラル界に連れて行かれることがありますが、そこで得られた知識はこの世界に戻ったときには忘れられてしまっています。

それは、アストラル界がこれを行うのは、人類を助けるのが目的だからです。

選ばれた人間たちは、睡眠中に連れて行かれるわけではなく、覚せいした状態で連れて行かれます。時にそれは一年、あるいは数ヵ月、ときには数年という長いスパンである場合もあります。

選ばれた人間たちは、宇宙的時空の中で教えを受けるのです。普通の人たちは睡眠中に連れて行かれてそこで教えを受けて元の世界（この世界）へ戻されます。

アッラーを信じない人に私が語るべき言葉はない

古代において、アッラーと人類全体に仕える光の教師たちの姿を誰でも見ることができました。古代の世界では実に多くのことが人間に対して開かれており、秘密でもなんでもなかったのです。

しかし、人類というのはとても嫉妬深い生き物です。自分の持たない能力を手にしたがったり、いいことだらけの世界には悪いことが起きればいいと考えたりするのが私たち人間なのです。

これは、全世界どこの人間でも同じです。そして、人間がこのような性質を持ち合せていなかったら、人類は進歩せずいまだ原始的な生活を送っていたかもしれませんし、もしかしたら滅びていたかもしれません。

偉大なるアッラーは人類にありとあらゆる恵みをもたらしてくださいました。

世界を信じず、真実を見ようとしない人々にとって、それを信じるのは難しいことでしょう。

とりわけ、優れた研究者である学者たちは、自分の目で見て理解しようとします。実際、真摯に研究を行う学者は全て、普通の人とは違う次元で教えを受けています。

彼らは自分にとって理解しがたいあらゆる出来事を解明しようと努めます。残念ながら私からそのことを見せることは難しく、実際に無理な話です。というのも、私もまた選ばれた一人として現在教えを受けている最中なのですから。

ただし、信じない人々に向けてその人たちが知る必要のある、その人たちに関係する誰にも知られていないような類のことを色々とお教えすることはできます。でも、アッラーを信じない人に私が語るべき言葉はあまりありません。

昔の人々は、光の教師たちの姿を見ることができました。

自分も助けられているにも拘わらず、自分を上位に見せようとして、聖なる自然の力に嫉妬しそのような力を持つ人々を滅ぼそうとした人たちがいました。

人間とは、自分が信じる世界を守ろうとするものです。

人間は、光の教師たちにはその人間の本質が見えている、ということがわかっていないのです。わかっていたとしても、決して認めようとはしません。こうして多くのことが人間に分からない形で行われるようになっていきました。

四冊の聖なる書物

次に、四冊の聖なる書物について少し言及したいと思います。

一冊目は『新約聖書』、つまり「福音書」です。

キリスト教における聖なる本、つまり『聖書』と呼ばれている本のうちの、「新しい契約」にあたる部分の最初の四章に与えられた名前が「福音書」です。

マタイ、マルコ、ルカ、ヨハネの四人によってそれぞれ書かれた福音書は、それぞれの書き手の名前を冠して、「××の福音書」と呼びならわされています。キリスト教徒たちによれば、福音書には人間の人生や教訓が描かれています。

キリスト教において聖典として認められているこの四つの福音書は「年代記」とも言われています。また、キリスト教において聖典として認められなかった外典文書としての福音書も存在します。

二冊目は『旧約聖書』中の「詩篇」です。

(原注…ヘブライ語では mizmor その複数形が mizmorin。ギリシア語では Psalmoi。ハープの演奏とともに歌われる賛美歌のこと)。

キリスト教では「ダビデの賛美歌」、あるいは単に「賛美歌」と呼称され、一五〇編からなる神を賛美する詩で構成されています。一五一編目の詩はキリスト教では外典とされており、正典とは認められていません。

イスラームでは預言者ダヴト[25]に下された聖なる書とされており、旧約聖書や福音書同様、人の手によって書かれた書物として信じられています。


三冊目は『トーラー』と言われる「モーセ五書」です。

(原注…アラビア語では"Tawrat"、ヘブライ語では"Torah"、ギリシア語では"Pentatevhos")。

これは、旧約聖書のうちの最初の五書を指します。オリジナルはヘブライ語で書かれています。神がムーサ[26]に下されたと信じられている五書のことです。

イスラームの教えではユダヤ教の聖書は『トーラー』であるとの見方が支配的となっています。ところが実際は、「モーセ五書」というのはユダヤ教の聖典である『トーラー』を構成する三十九の聖なる文書のうちの最初の五書にすぎないのです。

「モーセ五書」はそれぞれ、「創世記」において天地創造と最初の人類の創造、失楽園、ヌフ[27]の方舟、ユダヤ人の祖先であるイブラヒム[28]とイスハク、そしてヤクプと

(25)「ダビデ」のトルコ語の読み。
(26)「モーゼ」のトルコ語の読み。
(27)「ノア」のトルコ語の読み。
(28)「アブラハム」のトルコ語読みは「イブラヒム」、「イサク」は「イスハク」、「ヤコブ」は「ヤクプ」、「ヨセフ」は「ユスフ」。

ユスフの物語が描かれています。

「出エジプト記」では、ムーサに率いられたユダヤ人がエジプトを脱出する物語を中心に、シナイ山での遭難と十戒の授与と契約の締結が描かれています。

「レビ記」は祭司のための規定集、ユダヤの民のための規定集から成っています。

「民数記」では、イスラエルの民のシナイ山からの出発とカナンの地の東の入口に辿りつくまでの様々な物語が描かれていると同時に、ムーサを通じて神が民に下された規定も含みます。

「申命記」では、ムーサが死を前にして民に向かってモアヴの荒野で説いた説話が描かれています。

イスラームにおいて「モーセ五書」は聖書とみなされてはいますが、本来のテクストは時の経過とともに手が加えられてしまったとの立場をとっています。

『クルアーン（コーラン）』では、「モーセ五書」はアッラーによって預言者ムーサに下された書物とされています。

最後の四冊目はイスラームの聖典『クルアーン（コーラン）』です。

『クルアーン（コーラン）』は、イスラーム世界においてイスラームの預言者ムハンマドに大天使ジブリールを通じてアッラーから啓示として下されたと信じられている、聖なる書物のことです。七世紀に一冊の本の形にまとめられました。開扉章で始まり人々章で終わります。読む行為そのものが神聖とされ、読み方の指南書と共に先祖代々伝えられてきました。

イスラーム教徒は前述の三冊を含むこの四冊の本を信じ、敬意を示し、全ての預言者の名前を子どもたちにつけてきました。

つまり、イスラームではアッラーのために任務を遂行してきた選ばれた預言者たちに対しては、無限の敬意を感じているのです。イスラームとは、ことほど左様に寛大な精神を有する宗教であり、強制はありません。

『クルアーン（コーラン）』は決して朽ちることはありません。『クルアーン（コーラン）』は、アッラーを信じる者たちにとって常に神聖であり続けるでしょう。

★『クルアーン（コーラン）』の啓示★

預言者ムハンマドは、「この『クルアーン（コーラン）』こそは、アッラーのお言葉である。信じないというなら、たった一句でいいから、おまえたちも言ってみるがいい！　言えはしまい！」と語ったと言います。

ムハンマドに敵対する人は数多くおり、徒党を組んで取り組んだものの、誰一人立派な章句をひねり出せた者はいませんでした。

この『クルアーン（コーラン）』の持つ雄弁さと、言葉少なに意味深《いみしん》なことを語る術を前にして、すぐにこれを信じるにいたった者もいれば、人間がこのような言葉を思いつくはずがないと言って、渋々ながらこれを認めた者たちもいました。

もし、預言者ムハンマドが、『クルアーン（コーラン）』の啓示を人々に伝える役割を誰かと共同で行ったとしたら、敵対する一派もまた集結して同じようなことをしたかもしれません。

ムスリムたちの間にも存在したように、異教徒たちの間にも、やはり文学的な素養を持つ者や、言葉を操るのが達者な者が存在したからです。

それに、ムハンマドが『クルアーン（コーラン）』の啓示を授けられていた当時、ムハンマドは土地も財産も地位も権力も何一つ持っていませんでしたから、それらを使って味方の者たちを黙らせていた、ということもありえません。

また、『クルアーン（コーラン）』は、「モーセ五書」や「詩篇」、「福音書」と異なり、一度に啓示が下されたわけではありません。下された啓示が後々これほどまでに価値のあるものになろうとは、誰も夢にも思わなかったのです。まさに、後悔先に立たず、です。

『クルアーン（コーラン）』は二十三年の歳月をかけてゆっくりゆっくりと下されました。啓示が下されるたびに、誰もがその章句の出来栄えを褒め称えました。

もしムハンマドに共謀者がいたとしたら、どれほど辛抱強く無欲であったとしても、自分の作品がこれほどまでに褒め称えられ評判になっているのを見て、二十三年間も沈黙を守り続けることができたでしょうか？

『クルアーン（コーラン）』とは、預言者アーデムから預言者ムハンマドまでに連なる、預言者としての闘いに身を捧げた預言者たちに送られた、タウヒード、つまり一神教への誘いとして見ることができます。

それは、タウヒードとは、『クルアーン（コーラン）』を貫く根本原理であるからです。この観点から出発すると、『クルアーン（コーラン）』が啓示として下された本当の理由は、この地上から消滅してしまったタウヒードの教えを一から築くためだったと言うことができます。

偉大なるアッラーは『クルアーン（コーラン）』中で、タウヒードと正反対の思考や信仰を持つ人々に対してたびたび警告を発しては、多神教の道に落ちないように注意しています。

『クルアーン（コーラン）』中には多神教の危険を説く数百の章句が見られます。特にメッカ啓示(29)の各章では、時代や出来事の概要は異なれど、注意深く読んでいくと、そこで語られているのは、タウヒードの信仰を浸透させようとしているものとして読みとることができます。

まやかしのオカルト本は人間の魂の成長を阻む

何が正しいことなのか。それを探し求めて本を読むことは素晴らしいことです。読書をする習慣を持つ人は大勢います。

人は、自分を助けてくれそうな適当な教師を見つけられずに、思考錯誤して経験を重ね、頭を働かせ、行動に移します。そうして自分自身のキャパシティを超えてしまい、パニック

(29)『クルアーンは』メッカで下された啓示（メッカ啓示）と、メディナ移動後にメディナで下された啓示（メディナ啓示）とに大別される。

に陥っては魂に害を与えてしまうのです。

このような状態に陥ると恐怖が前面に出てきます。そうすると、探索は別の相様を見せてきます。もはや誰かのコントロール下に入りたいと感じるようになるのです。こうして、ワークショップだの、リコネクティブヒーリングなどといった怪しい場所に足を運んでしまうことになります。

オカルトであれ他のどんなテーマについてであれ、本を読むことで真の知識を見つけたり、良き教師を見つけようとしたり、内面的な恐怖に打ち勝って自分の可能性を広げる、といったことは、自分自身を成長させることによって可能となるものなのです。

知識はパンや水のようなもので、必要があれば必ずや見つかるものなのです。アトランティスの人々もそう信じていました。本も同じです。人は本を探し求め、そして読みます。なぜなら人は世界のあちらこちらに行って調査探索を行うことはできませんが、本は私たちの足元まで知識を運んできてくれるのですから。

聖なる本以外の書物は、知識を得たり楽しみを得たりするためにありますが、人間の魂の成長を阻むものは、オカルトについて書かれた本です。

この手の本を読んだことで、自分が選ばれた人間だと勘違いしてしまう人がいます。自分は偉大だと勘違いしてしまうのですが、そんなことはありません。

読むという行為自体に害がなくても、オカルトというテーマについて準備不足なままの人が読むと、時として特定のキーワードが人を危険に陥れる可能性というのが常にあります。

読んだ内容がきちんと理解できるものかどうかは重要です。理解できないようなものは、理解できるようになってから読むようにしてください。

学説の根拠が明確でない人が書いたオカルト関連の本や占星術関連の本を読むことで、準備不足の思考の形が乱されることがあります。本当にその人に必要な思考の形を得るには、実際はとても時間がかかるものなのです。

その一方で、人のコントロールが及ばない思考の形を作り出すことはいとも簡単にできてしまうのです。

このコントロール不能な思考の形によって魂は弱体化し、次に頭の中に矛盾が生じます。そうなると今度は魂が脳にその人のコントロールのきかないところで思考の形を作り上げて命令を下し、脳内にネガティブなエネルギーを注ぎ込み、その人のオーラを弱めます。

オーラが弱まると脳が弱体化します。つまり、必要な電力を作り出せない状態になってしまうのです。脳とは、肉体を動かす電力を生みだす役割があるのです。脳は肉体を生かし、コントロールする器官なのです。

このような状態になると、人は自分だけではなく他人にも害をもたらします。この世はこの手の人間で溢れかえっていますが、当の本人はそのことに気付いてもいないのです。

他人と矛盾を引き起こしたり対立したりするような本を読んではいけません。

今日、オカルトの力について言及する多くの書物がありますが、これらにも手を出さないようにしてください。それに、人の言葉や人の書いたものに完全に従属してしまってはいけません。

いつでも、その教えが本物かどうかを吟味することが大切です。

もしそのことに確信が持てないなら、読んだ知識や言葉のうち、自分の人生に必要そうなところだけを受け入れて利用するのが適当でしょう。

本は人間にとって指南役になったり相談相手になったりしますが、盲目的に従うほどの教えはそこには書かれていません。

世の中には悪い目的に利用される本もあります。この手の本は人を実際より大した人物だと思い込ませるために書かれているのが普通です。そのような本を読むと人は新たに芽生えたコントロール不能な思考の形によって、自己の核を次第に失っていってしまいます。

真正の聖なる書物は人の魂を楽にさせる

しかしアッラーから下された真実の宗教本にはこのことは当てはまりません。

ただし、中身が改ざんされてしまったものは別ですが、イスラームにおいて『クルアーン（コーラン）』は決して人の手が加えられてはならないとされています。

たとえ理解できない内容であっても、『クルアーン（コーラン）』のあるページを開いて読んでみれば、不思議と人は心が落ち着きます。

真正の聖なる書物は人の魂を楽にさせ、ゆったりとした気持ちにさせてくれるだけでなく、自分自身に立ち戻らせてくれます。

前述のように、人はあるテーマについて準備が整っていない状態だと、いくら本を読んでもその本はあなたにも周りにも多大な損害を与えます。本を読む前に、必ずその本の著者について何らかの知識を得るようにしてください。

私の書くものは、ほとんどが理解困難なオカルトについてのものです。

宇宙的な意味で発展途上にある人間にとって、これまで見たことも聞いたこともないテーマに接することで、魂の発展が促されるよりも、それとは正反対の影響が及ぼされる可能性があります。

オカルト関連の本にしても、占星術関連の本にしても、自分にとって適切ではないとか、理解できないと思ったときは無理をしないでください。

本に書かれた言葉がピンとこないなら、いずれにせよその本から受け取るメッセージはないも同然です。

書かれた言葉を理解できるなら、その本が何をもたらしてくれるのか、自分の持っている力について発見することもできるし、著者の言わんとすることや著者の持つパワーも発見できるでしょう。読者はそれによって自信を増すことになるのです。

最大の変化は自分の内面に存在する

人間は潜在意識に指令が下されない限り、何事も成功させることはできません。とりもなおさず、人は自分の感覚をコントロールできません。

人間とはそもそもそういう存在なのです。

これから行うことを何度も念じて潜在意識にメッセージを送ろうとしても、指令を送ることはできません。

アッラー、つまり創造主を信じない者が潜在意識に命令することはできません。信じるべき力、頼るべき力の何たるかを知る者だけが潜在意識に命令することができるのです。

人間の全人生は人の額に書かれています。額に書かれている内容を誰にも読まれないようにと、人は生まれるまでの間に爪でその痕跡を消してしまいます。

潜在意識が開かれた状態の人は、この消された文字を容易に読むことができます。掌にもその一部が書かれていますし、足の裏はその人が人生において持っている潜在的な力を知らせてくれます。病気や健康面についての情報を足の裏から読みとることができます。

熟練したオーラ観察者なら、そのいずれも見ることなく、知りたい情報をいかようにも見ることができます。「熟練したオーラ観察者」とは、アストラル界からの助けを借りて、オカルト的知識を身に付けた人のことを意味しています。

不死身なのはアッラーだけですが、他にもアッラーがお選びになった天使たちや光の教師たちも、不死身を与えられました。

私たちに与えられた日々は、長さがどうあれ結局のところ限られたものです。私たちはこの世、つまりイリュージョンの世界で学べることを学び、できることをしたらこの世を去っていきます。

知識を持たない人間は、自分が何者で、何のために何と闘っているのかわからないままです。人生の意味を見出せず、将来の目標を見出すこともできません。人類のためにも自分自身のためにも、持てる力の全てを出し切ることができません。

しかし、自分自身を知り人生の意味を見出した人は、自分という人間の存在理由を知り、今後も生きていくことを信じ、理想を求めて歩みます。深く広い思考を持つ人々は宇宙的な意味での変化の過程に適応することができます。

誰でも、何歳になっても、その人が望めば変わることができますし、自己発見をして人生の意味を見出すことは可能です。

どんなことでも遅すぎるということはないのです。

ところが、自分が変わるためと称して、何らかの特別な言葉であるとか、何らかの大小様々な衝撃的出来事を期待するタイプの人がいます。最大の変化は自分の内面に存在するというのに。

落胆や嘆きこそ別の思索を促しさらなる前進をもたらす

綿密な計画を立てこの世での人生を全うすることは、一過性のものとしては適しています。ビジネス面でも私生活でも同じです。

人は、未来に何が起こりうるか、どんな闘いを強いられるか予測することはできないのですから。予測すること自体、人生とは相いれないことです。計画を立てるとしたら、何らかの明確な物事や、近しい人間関係においてのみ有効なのであって、宇宙で起こりうる未来について予測を立てることなど、到底人間にできることではありません。

そのことに人は落胆するかもしれませんが、それと同時にその落胆や嘆きこそが、その人に別の思索を促し、さらなる前進・発展をもたらすのです。

もちろん、このことをネガティブにとらえる人はそこでおしまいになります。前進はできません。何はともあれ人生は続くのだということを、忘れてしまいがちだからです。

何があっても人生を諦めない人が、最後に微笑む人です。

このタイプの人はたとえ障害が立ちはだかっても、それをある種の試練だととらえます。決然とした人は、自分の内部に培ってきた心のよりどころによって、どんなことにも影響されず、スルリと身をかわしてピンチを切り抜けます。

このような人たちは幻滅や落胆などには慣れっこなのです。もう十分経験を積んできているのです。

「人生は続く」

そのことを知っている人たちです。諦めさえしなければ、全てを手に入れることができるということを信じています。

上昇志向を持っているタイプの人は、まず神の意思による計画というものを理解しなければなりません。もしそれができなければ、自分が何を欲しているか、明確な形で自分に分からせる必要があります。

そうすることで、神の意思による計画の大筋を見出すことができます。

その大筋をたどれば、行動はスムーズになります。

人生とは山あり谷ありのものであって、決して平坦ではありません。問題を抱えたりそれを解決したりといった経験をイリュージョンの世界で経ることで、自分が成長できたと感じるなら、それは最も大きな上昇への準備が整いつつあるということです。

アッラーは人間を創造されたとき、人間に死を与え、預言者と聖人には不死を与えました。

【聖フズル】

聖フズルは、聖イブラヒム後にネムルト山に栄えたコンマゲネ王国に生まれた預言者・聖人です。

聖フズルは、本名を「ベルカ・ビン・メルカン」といい、聖ヌフ(i)のサムという名前の息子の血筋からくると言われています。「フズル」(ii)のあだ名で知られていますが、彼が乾いた大地に座って立ちあがると、その場所に草花が咲いて緑がいっぱいに広がったことに由来します。

聖フズルは、アッラーが寵愛した僕の一人です。一度没したのですが、アッラーは終末のその日まで、アッラーを信じるムスリムたちに手助けをするため、ムスリムたちと話をするため、学問を習得し、また人に教えるため、彼の魂に人間の形を与えました。

実際、あらゆる聖人と預言者は不死身です。ただ、聖フズルに対するムスリムたちの見解は他の聖人に対するそれとは異なっています。これまで多くの預言者や聖人が存在しましたが、いまだ私たちと共にあると信じられているのが聖フズルです。

(i)「ノアの方舟」で知られるノアのトルコ語名。
(ii)トルコ語の‘hızır’（フズル）の意味は、「物事を容易にこなす手助けをする人」

また、聖フズルは全ての光の教師たちに会っている、アストラル界でも最も偉大なる光の教師です。

聖フズルは化学と神の神秘についての学問である「レドゥンニー・イルミ」の専門家です。『クルアーン（コーラン）』の十八章六十五句に次のような言及があります。「それからかれは（岩のところに戻って来て）、我の一人のしもべ（フズル）に会った。我は（あらかじめ）かれに、我が許から慈悲を施し、また直接に知識を授け教えておいたのである。」

第九章　精霊と悪魔

聖霊は人間と同じく意識や意思を持つ存在

本章では、精霊と悪魔について触れたいと思います。

アッラーは人間を創造するより前に、自らを崇拝させるための存在として、無煙の炎から精霊を創造しました。

偉大なるアッラーは人類を創造するよりはるか昔に精霊を創造し、あらゆる性質を精霊たちに与えましたが、精霊たちは全く成長することなく、常にお互いにいがみ合っては戦争を繰り返しています。

私たちは今まさに、精霊たちと同じ世界に生きているのです。

精霊たちは人類より少なくとも二〇〇〇年前に創造されました。だからといって、人類よりも精霊のほうが上等な存在であるというわけではありません。偉大なるアッラーが精霊を先に創造した、それだけのことです。

精霊たちの一生は非常に長く、三十歳や五十歳程度の精霊は人間で言う「乳幼児」にあたります。中には相当長生きする精霊もいて、寿命は二〇〇〇歳にも及ぶ者もいます。

精霊たちの中にはムスリムの精霊、キリスト教徒の精霊、仏教徒やカトリックの精霊もいれば、信仰をもたない者まで、幅広く存在します。精霊たちの中には人間のように学問の道に進む者もいます。また、特定の人間と契約を結んで、その人が魔法を操るのを手助けする精霊もいます。

精霊とは目や耳などの器官で私たちが認識できる存在ではありませんが、人間と同じく意識や意思を持った存在です。精霊は未来を知ることはできず、持っている知識も限られています。長生きする精霊もあれば、比較的短命な精霊もいます。

偉大なるアッラーは光より天使を創造し、土から人間を創造し、無煙の炎から精霊を創造し、水から動物たちを創造し、炎から悪魔を創造しました。

未来についての知識は閉ざされていても、精霊たちは人間よりも早く移動することができます。光の速さで動くことができ、空を飛ぶこともできます。

耳が大きい精霊は、ライオンのような耳をしていて、毛も生えています。人間たちに混じって生活している精霊もいます。特に、悪魔を恐れているタイプの精霊がそうです。

精霊も人間同様食事を摂ります。特に米飯を好みます。小便や大便はガスとして排出しています。とてもまれなことですが、人間の姿になった精霊もいます。

ただし、これは精霊にとってとても疲れるだけでなく恐ろしいことでもあります。それは、人間の姿をして人間を怖がらせようとする精霊は、自分自身もその恐怖のただなかに置かれるからです。

宗教的知識や学校で知識を身に付けた人間の祈りの言葉によって、そのまま人間の姿にとどまってしまうのではないかという恐怖を抱くのです。

普通の人には精霊の姿は見えない

では、精霊たちは人間とどのように契約を結び、どのように人間を手助けしているのでしょうか。

皆さんは、マジックをご存知ですね。観客の目の前で女性が箱の中に横たわった状態で箱を切り刻んだり、人が入ったままの箱を燃やしてみせたりするあれです。実は、その箱にはごく小さな穴が開いているのです。鍵穴のような形の場合もあります。

このマジックのからくりはこうです。まず、精霊が箱の中に入った人間の肉体に入り込みます。精霊は体の大きさを自在に操る才能に恵まれているのです。

精霊は箱が切断される瞬間に箱から出ます。

ただし、この瞬間を誰も見ることができません。

箱が再び元通りにくっつけられると精霊も箱の中にもぐりこみます。この瞬間も誰も目撃できません。マジックショーの最中にマジックに必要なものを折りたたむこともあります。相当折るのが難しいものでも折りたたみます。マジシャンたち本人にも、どのようにそれが折りたたまれたのかわからないのです。

このような精霊による手助けが目に見えない人もいて、そのような人たちには何が起きているのかを説明することもできません。

精霊の軍団と共同で人間を空中に投げたり消したりするマジックを行うマジシャンもいます。このようなマジックを行うには、少なく見積もっても七十万から八十万の精霊の軍団と結びつく必要があります。

普通の人には精霊の姿は見えませんから、目の前で起こっている出来事を信じます。具体例をあげてみましょう。

かの有名なデビッド・カッパーフィールド氏は、精霊の軍団と契約を結んでいるマジシャンです。精霊と人間との間の契約では、通常人間が手書きで契約書を作成し、それに精霊が署名もしくは捺印するのが一般的です。

複数の精霊と契約を結ぶ人もいますが、良好な関係が築ければ精霊は手助けをしたり情報提供を惜しみません。ただし、きちんとガードされていない人にはとてもおすすめできません。

精霊はどの家にも存在します。十分に護られ祈りが行き届いている場所には精霊は入り込めません。食事時には家人と共に食事をとります。

あなたの家に「痩せの大食い」タイプの人がいるとしたら、少なくとも三、四人の精霊がその人とご飯を食べていると理解していいでしょう。これは日常的に行われていることなので、違いに気づくということはありません。

この手の精霊は人に危害を加えることはなく、アッラーから家人を手助けするべく遣わされており、悪い精霊から家を守ってくれています。

最低でも怖がらないことが肝心

次のことは覚えておいていただきたいのですが、アッラーを信じる人には精霊も悪魔も一切手出しはできません。本書にも短いお祈りの言葉を書いておきます。

イスラームの聖典『クルアーン（コーラン）』からの一節です。このお祈りの言葉を唱えれば、その人はアッラーによって守られます。就寝前に唱えるのが最適です。

それと、狼の毛皮がある家には精霊は入り込めません。精霊も悪魔も、動物の中では狼を最も恐れています。狼が精霊や悪魔を見つけると、捕まえて八つ裂きにして食べるか、吠えて追っ払ってしまうかのどちらかです。

精霊の中にはごくまれに、人間と結婚する者もいます。精霊と人間の両方の妻を娶り、墓場にも彼女たちと一緒に入った預言者のことを紹介したいと思います。

預言者の名前は「シェイフ・セイード・アラエッディン・アリ・セメルカンディ」といい、一四五六年に一五〇歳でこの世を去りました。

墓は、トルコの地中海沿岸のメルスィン県ギュルナル郡ストゥルジェ町にあります。私もそこを訪れたことがあります。なお、精霊は契約を結んだ人間と関係を結ぶことはできますが、精霊と人間の間に子どもが生まれることはありません。

さて、では精霊はどのような場合に人間にダメージを与えるのでしょう。精霊は、色々なことを諦め、気持ちが弱っている人につけ込み、その人をさらに弱体化させます。

また、魂の移動を行っている最中の人間の体に侵入することがあります。これに対処するには、十分に祈りが行き届いていることが大切です。

それに、恐怖に打ち勝つ気持ちも必須です。身体に自分用の聖なる護符を身につけておくか、ベッドに置いておくとよいでしょう。あるいは、魂の移動を操作している人物を通してアストラル界に助けを求めるのが一番いい方法です。

しかし最低でも怖がらないこと、これが肝心です。お祈りをするだけでも効果があります。

人間の欲こそが悪魔につけいる隙を与える張本人

さて、次に悪魔について少し書いていこうと思います。

悪魔は、偉大なるアッラーが炎から創造した存在です。ごく稀に人間の姿をしていることもありますが、足元は馬のそれに酷似していますから判別がつきます。足元だけはどうしても人間に似せることができないのです。

悪魔が人間の体に入り込むと、ありとあらゆる悪さをしでかす可能性があります。悪魔というのはアッラーから守られていない存在であり、アッラーが人間に与えたもうた正しい生き方や宗教の教え、様々な秩序などを壊そう、人間を悪の方へと導こうとする存在なのです。

欲望を持つ人間という存在は、本来的に悪へと傾倒する側面を持っています。だからこそ、悪魔につけいる隙を与えてしまうのです。

悪魔の中でも「将校」、「治安部隊」、「司令官」の位にある者たちは大変誇り高い悪魔たちです。なかでも「城将」、「門番」、「手伝い」、「衛兵」、「下男」などの位の悪魔たちは、自惚れが強く他人を見下すタイプで、嫉妬心が強くて他人の幸せを妬みます。

また、吝嗇家《りんしょくか》で守銭奴、貪欲で財産を増やすことに精を出します。常に憤怒《ふんど》の情を抱き、ゴシップ好きで陰口も大好きです。おどけた道化のような性格なのも、彼らの特徴です。

人間の体の中にも人間を弱体化させるための悪魔が住みついている城砦があります。だから、人間がどれほど誠実であろうとも、人間は人を騙《だま》しもするし、また騙されもするのです。

悪魔の代理人が人間の悪い部分を表面に出してしまいます。つまり、強力なパワーを持った悪魔に、人間は打ち負けてしまうのです。

ところが、アッラーに対する信仰心を持ち、祈りをささげている人間には、アッラーは慈悲深くなり、悪魔から守ってくれるのです。

悪魔とは人間の決意や知性などを崩壊させるのが仕事

悪魔の中でも城砦に住みついている司令官は悪魔の命令を受けて私たちを悪の道へ導こうと手ぐすねを引いており、人間が弱った瞬間をとらえてやろうと常に監視しているのです。

そもそも悪魔とは、人間の決意や知性、食欲や正直さといったものを崩壊させるのが仕事です。悪魔や悪い性質の精霊は、広いオーラを持つ聖なる存在である預言者や光の教師たちには近づきません。

心臓の左側に七つの城砦があります。それぞれの城砦には頑丈な砦があり、その城砦を守る城の司令官が任務にあたっています。また、それら司令官たちは心臓の右側の城砦に信号を送ります。一人の司令官に対し、十万の上級将校がついていて、さらにその十万の上級将校の一人一人にさらに十万の将校がついています。城砦の護衛官は、悪魔のうちでも位の高い総司令官や、高位の将校らと同程度の位にあります。

嫉妬心《しっとしん》や吝嗇《りんしょく》な心、貪欲《どんよく》さや怒り、守銭奴《しゅせんど》的態度といったものから自由になるには、この世を捨て去り、この世の価値を手放す必要があります。

怒りやゴシップ好きな心や他人の悪口を言う癖、おどけた態度やおべっか使いといった態度は、欲望を抑え、宗教や医学的な観点から害を及ぼすものから遠ざかることで避けることができます。

いずれにせよ、堪《た》えることで事態は好転します。悪事の悪の部分を堪え、聖なる書物を読むことであなたは守られるのです。

プライドの高い態度や自惚れ、自尊心といったものは、本来的に悪魔に属するものです。人間に関するあらゆることはアッラーに属するものであることを知りそれを受け入れることは、本来的に神の領域に属するものです。

悪魔の誘いに乗って怠惰《たいだ》な生活に身を落としたとしても、です。悪魔の誘いに乗って自惚れ、破滅的で怠惰な状態に落ち入った者を救うには、アッラーを信じアッラーからの助けを求めるしかありません。

他人を妬《ねた》み嫉妬することは、本来的に悪魔に属することで、読むこと、見ること、聞くこと、試すこと、そしてアッラーの助けによって得られた深淵《しんえん》なる知識は本来的に神の領域に属するものです。

多くの知識に恵まれた人ですら、嫉妬深い悪魔に打ち負けてしまうことがあります。そのとき、知識とその知識を有する人間を救うのは、アッラーへの祈りです。祈りは、人間が失った知識を再び取り戻させてくれます。

「気前のよさ」に四種類あり

吝嗇《りんしょく》さは本来的に悪魔に属するもので、反対に気前の良さは本来的に神に属します。ですから、ケチな人には気前の良い心を送ってやる必要があります。

気前の良い心がその人のケチな心を打ち消してくれます。

ケチな人は気前の良さに包まれる必要があります。

「気前のよさ」には四種類あります。

まず、物的な意味での気前のよさがあります。これは、金持ちの専売特許であって、金持ちにだけ許された種類の気前のよさです。

次に、身体的な意味での気前のよさです。これは戦士たちに許されたものです。国や国民、宗教を守るために闘った殉教者や、あるいは帰還兵らは、終末の日に罪深き信徒らの罪を許してもらうため、そしてアッラーへ絶対的に帰依した者たちがさらに上位の位につけるよう、アッラーに懇願してくれます。

さらに殉教者ともなると、出身一族と親戚関係にある部族、さらには自分のこれから生まれる子孫、親類、今後血縁関係にある者たちも含めて、宗教、言語、部族、文化的共通点がある人たち、兄弟はもちろん近しい関係にある友人ら全てのために、全ての人間が蘇らされて裁きを受けるであろう最後の審判の日に調停役を買って出てくれます。

次は、魂の気前のよさで、これは愛を知る者たちのものです。真の愛とは、心も何もかも、光の教師たちや預言者たち、そしてアッラーに捧げる、ということです。

最後は、気持ちの気前のよさです。これは賢者たちのものです。『クルアーン（コーラン）』、あるいはアストラル界、あるいは自分の信じる宗教上の秘儀や真実を極めた者たちに許されたものです。

祈りの言葉　～朝と夜に行う～

○ビスミッラーフ　ラフマニル　ラヒーム　（一回）

○ラーイラーハ　イッラッラーフ　ムハンメドゥン　ラスール　ッラー　（十回反復）

○サーラーワトゥ　シェリフェ　（七回反復）

アッラー　フンメ　サッリ　アーラー　セイーディナ　ムハンメディン

ヴェ　アッラー　アーリー　セイーディナ　ムハンメッド

○ファーティハ　イ　シェリフェ　（七回反復）

エウーズ　ビルラーヒ　ミネシェイ　ターニルラジム

ビスミッラーフ　ラフマニル　ラヒーム

エルハムドゥ　リッラーヒ　ラッビル　アーレミーン　アッラハマーニル　ラーヒム

マーリキ　ヤウミッディーン　イインヤーカ　ナアプドゥ　ヴェ　イインヤーケ　ナスタイーン

イヒディナッスィラータル　ムスタキーム　スィラッタッツラズィーナ　アンアムタ

アライヒム　ガイリル　マグドゥービ　アライヒム　ウラッバーリン

○ビスミッラーフ　ラフマニル　ラヒーム　（七回反復）

○アッラー　フューラー　イラーハ　イッラ　フーウェル　ハイユール　カイユム　（七回反復）

ラーテ　ウズューフェ　スィーネトゥン　ウェラー　ネウム　レーフュー　マフィッセー

マワーティ　ヴェ　マフィル　アルドゥ　メン　ゼッレズィ　イェシフェイ　ウー　インデフュー

イッラー　ビスニフ　ヤーレム　マ　ヴェイネ　エイディムヒ　ヴェ　マ　ハルフェフュム

ウェッラー　ユーヒー　トゥーネ　ヴェシェイン　ニン　イルニッヒー　イッラー　イマシャーレー
ヴェシィアー　クルスィー　ユーフェス　セナワティ　ウェルアルドゥ
ウェラー　イェウー　ドゥフー　フューズ　フューマ　ヴェ　フエル　アリーユル　アズィム

○カーフィルン　スーレスィ　（七回反復）

ビスミッラーフ　ラフマニル　ラヒーム
クルヤー　エイユーヘル　カーフィルン　ラー　エブゥドゥ　マアア　テブゥドゥン
ウェラー　エントゥム　アアビドゥネ　マアアアブユト　ウェラー　エネ　アアビドゥム
マアアベットゥム　ウェラー　エントゥム　アアビドゥウネ　マアアアブユト　レキュム
ディ　ヌキュム　ヴェリエディン

○イッヒラス　スーレスィ　（七回反復）

ビスミッラーフ　ラフマニル　ラヒーム
クルフュ　ヴェッラーフェ　エハッドゥ　アッラー　フェス　サー
メッドウ　レムイエリッドウ　ウェレンユレッドウ　ウェレン　イェキュル
レフュユー　クュフウェン　エハッドゥ

○フェラック　スーレスィ

ビスミッラーフ　ラフマニル　ラヒーム
クルエゥウズ　ビラッビル　フェラルク　ミン　シェルリ　マアアハラック
ウェ　ミンシェルリン　マスキン　イザァアウェカブ　ウェ　ミンシェルリン
ネファァ　サァァティ　フィルカッド　ウェ　ミンシェルリ
ハァァスィディン　イザァァ　ハセッドゥ

（七回反復）

○ナス　スーレスィ

ビスミッラーフ　ラフマニル　ラヒーム
クルエゥウズ　ビラッビンナースィ　メリキンナースィ　イラーヒンナースィ
ミンシェルリル　ウェスワァァスィール　ハンナースィ　エルレズィー
ユウェスウィスー　フィィー　スドゥゥリンナースィ　ミネル　ジンネティ　ワンナースィ

（七回反復）

○テスビヒ　ドゥアース

スゥブハーネルラーヒ　ウェルハムドゥ　リッラーヒ　ウェライラーハ
イッラーラーフェ　エックベル　ウェラ　ハウレ　ウェラ　クゥウェテ　イッラー
ビッラーヒル　アレイユル　アズィム

（七回反復）

○ムズミンレレ　イスティヒファル　（七回反復）

アッラーフュム　マグフル　リルムゥ　ミニーネ　ヴェムゥ　ミナットゥ

○ネフシィネ　アンネ　ババ　イスティヒファル　（七回反復）

アッラーフュム　マグフル　リー　ヴェリワリディエ

○アッラーフュンメ　ラッビファル　ビナ　ヴェビヒム　アアジレン　（七回反復）

ウェ　エエジレン　フィドゥ　ドゥンヤー　ウェルアーヒレッティ　マ　エンテ　レフュ
エフルン　ウェテファル　ビナヤ　メヴラーナ　ネフス　レフュ
エフルン　インネケン　アフルン　ハーリムン　ジェワードゥン　ケルムン　ラゥフン　ラヒム　ン
ラヴレヴェラ　クゥウェテ　イッラー　ビッラーヒル　アリーユル　アズィム

○ヴェ　ビル　ハック　エンゼルナーフ　ヴェ　ビル　ハック　ネゼル　（七回反復）

ウェ　ウフェッヴィズ　エムリィ　イッラッラーヒ　インネッラーヒ　バスィールム
ビル　ウバードゥ　ハスブナッラーヒュ　ウエ　ニメル　ヴェキィル
マー　シャーエッラーヒュ　ラー　クヴェッテ　イッラー　ビッラー
ラー　イラーハ　イッラー　エンテ　スブハーネケ　インニィ　キユントゥ　ミネズ　ザーリミン

ここに書かれているお祈りの言葉を朝と夕方詠むことで、人間、悪魔、精霊、あらゆるタイプの悪しきことから守られ、また、あなたの願いがかなえられるでしょう。

書かれている通り全ての文句を詠めなかったとしても、また、一日に一度しか詠めなかったとしても、悪魔や精霊から身を守るには十分です。

第十章　魂

「物理的存在の魂」「生かす魂」「移動する魂」

偉大なるアッラーは聖アーデムの魂に人間の肉体における生気と、人間の生存を支える主たる要素である非物質性要素の呼吸を吹き込みました。

魂とは、物理的な形を持たず、物理的に空間を占拠することなく自足的に実存し、常に存在します。自らを分離させることはなく、抽象的で、五感によって認識されえない、支配的で決定的な力を有する存在でもあります。

魂は思考のスタート地点であり、肉体の内にあると同時に外にもあり、肉体を支配下においています。

物質的存在は魂の創造的な活動のために必要な存在です。魂は自らのコントロール能力と権力を、様々な状況下で必要に応じて行使します。

第一の魂は、「物理的存在の魂」と言われるものです。

人間に五感をもたらし、肉体の生命を持続させている魂です。肉体の存在理由であり、非物質的、あるいはスピリチュアル的自我とも言うべきこの魂こそが、肉体を生かし、生を保っているのです。だからこそ、棘が刺さったことを皮膚は感じることができるし、肉体のどこかしらの毛がむしられればそれとわかるのです。

第二の魂は、「生かす魂」と言われるものです。

魂は人生における苦難という名のレッスンを、この魂のためにこそ受けるのです。この魂は、肉体に栄養や滋養の摂取の必要性を感じさせる魂です。「生かす魂」は人の飲食や、空腹感、喉の渇きといった、人間が生を継続させる上で必要なものが何かを知っているのです。

第三の魂は、「移動する魂」と言われるものです。

肉体が眠りにつくと活気づく魂のことです。別の言い方をすると、「魂の流動」、「流れる魂」とも言えます。

偉大なるアッラーは、『クルアーン（コーラン）』第七十八章「消息章」第九節において、「休息のため、あなたがたの睡眠を定めた」と述べています。

つまり、睡眠は休息をとり、体を休めたり蘇らせたり、また力を蓄えたり再び力をとり戻すため、そして肉体を強化するためにあるのだ、と言っているのです。

しかし休息とは、体を休めるだけではなく思考力を高めるためでもあるのです。

肉体が死んでも魂に「終わり」はなく永遠

人間は魂を持つ存在です。アッラーが創造された肉体に魂が吹き込まれ、そしてその魂が知性に働きかけます。

人間とは、脳が生み出す電力により稼働する存在なのです。肉体は魂の入れ物として創造されたのであって、魂が肉体のために創造されたのではありません。

この世とは、大きな肉の塊である肉体をいかにコントロールするかを学びとるために、大変な労力を支払うことで魂を浄化させるための試練の場なのです。苦痛を感じるのは肉体ですが、一方で魂は全てを感知し、感知したことを肉体のうちでも最も重要なコントロール・センターであるクンダリーニに送信します。

たとえ肉体が死んでも魂の記憶は消えずに残ります。魂に「大きい」「小さい」という概念はありません。魂に「終わり」はなく永遠なのです。

では魂とは何なのか？　肉体は魂の入れ物です。肉体がなくても魂は独立して存在しえます。魂とは「天の世界」から、肉体の国を管理するために独立した存在として遣わされました。それは、肉体から離脱しても存在し続けることができる、柔軟な物体です。

預言者ムハンマドに魂について質問した信徒たちがいました。預言者ムハンマドはこれに答えず、啓示を待ちました。

下された啓示は極めて明解でした。

すなわち、「(魂は）神が命じられたものであると答えよ」。

ここでは、魂の存在それ自体は確認されたものの、その本質が説明されたわけではありません。質問をした当の本人たちが、啓示の内容を理解できようはずもありません。人間の知性は、「天の世界」からもたらされた存在の概念を理解するだけのキャパシティーを持ち合せてはいないのですから。

「天の世界」は、単位や形状、色彩からは遠く隔たった世界です。

物質のために用いられる「長い・短い」、「青い・黄色い」、「丸い、真っ直ぐ」、「重い・軽い」といった単語の対語は、天の世界ではありません。

単位に依存している私たちの知性が、「計りえぬ存在」を理解しうるはずもありません。

しかし、論理的な物差しを用いればどんな作品にも作者がいるということを、それとなく知ることはできます。宇宙という壮麗なる作品もまた、何らかの動作によって創造されたものであることを私たちは理解します。

また、主語のない動詞／動作は存在しないということを私たちは認めています。そうであってみれば、肉体を見事に操作しつつも目には見えない主体としての魂の存在を我々は確認し、承認するのです。このようにしてようやく、私たちは魂を認識しうるのです。

クンダリーニは魂から受け取るあらゆる知識を肉体に分配する

アッラーとはその全てにおいて絶対です。

神がなしうる全ての所業は、他の被創造物や別系統の命令によって阻止されたり制限されたりすることはありえません。

目は、魂にとって肉体についている窓です。人間はこの世界を眺めるとき、目の機能を利用しています。目という窓が開いていないと、人はこの世界を見ることができません。

しかし、魂と肉体の教育が十分な人の場合、目を閉じて睡眠状態に入ったとしても、他の世界の扉が開きます。そして、その新たな世界において、元の世界とは全く異なる物事を目撃するようになるのです。

魂は人間が寝ている間に肉体から離脱し浮遊します。アストラル界への魂の移動を行う人たちは、二日間も魂が戻らないままでも大丈夫なのです。

このとき、肉体の存在する世界のほうの温度管理も大変重要で、温度の変化はあってはならないことです。二日間に及ぶ魂の移動を行う場合、肉体は安全な場所で保護されていなければなりません。

当然ながら、魂の移動を行う人は人気のない場所を選んでこれを行います。上級者にとっては、元の肉体へ戻らないことは大した問題ではありません。

古代人はこの魂の移動を、知識の収集や特別な教育のために行っていました。他の惑星へ旅したり、地上のあらゆる場所を自在に行き来して見聞を深めたりすることは、彼らにとってはいとも簡単なことでした。

魂は粒子からできていないのでどんな場所でも通過できます。魂の「意思決定力」ときたら、実に見事なものです。選ぶ、決定する、分ける、欲する、拒む。これらの判断は知識を有さない肉体の成しえることではありません。身体の中で最も優れた器官は、脳の中の電気を発生させる場所です。コントロールをつかさどる人間は、魂から受け取ったパワーと調教された心身によってクンダリーニを発展させます。

ただし、クンダリーニはコントロールを行いません。

ただ魂の欲することをするだけです。無限の記憶システムであるこの器官は、魂から受け取るあらゆる知識を肉体に分配していきます。肉体は魂からの指令を受けてこれらの知識を活用していきます。

クンダリーニは意識的に幼少時から訓練されれば、魂の助けを受けて頭脳と身体を最も健全な形でコントロールできるようになります。

クンダリーニの訓練とは、身体にちりばめられた知性と心身を鍛えることで一ヵ所に集める、というものです。これによって、記憶力やコントロール力を強化することができます。私たちにとって一番重要な器官なのです。

恐怖は魂にとっての唯一の敵

肉体は「見る」ことができますが、脳は物事を見ることはできません。肉体は「感じる」ことができますが、脳は決して物事を感じることはありません。

人間の脳は、物を見ることも言葉を語ることもできません。

肉体は愛情や嫌悪などのあらゆる感情を経験することができます。脳は魂からメッセージを受けて電流を作り出します。

恐怖は魂にとっての唯一の敵です。恐怖を克服することで人間は成長し、気持ちを楽にし、手にした知識によって前進することができます。

脳は単に肉体上の生死の過程に関わっているにすぎません。脳は人が感じる感覚の真の主体ではありません。

母親の胎内で魂が胎児に吹き込まれると、すぐに天上の天使にそのコントロールが委ねられます。胎児が生まれるまでの間母親の胎内にあって母親に依存しているように、生まれてから死ぬまでの間人は天上のハイヤーセルフとも言うべき見張り役に依存しています。

預言者たちはアッラーの層にあり、最良の形で自我を超越した知識人・偉人であり、自由に生きたのちに一定の時間を経てアッラーによって選ばれ、預言者となります。

するともはや、アッラーと結びついている愛の緒は切れることはなく、それにより預言者は不足なく生きられるよう常に配慮されることとなります。

それはつまり、偉大なるアッラーの最愛の存在となってからの預言者は、飲食をせずとも生きながらえることができるようになる、ということを意味します。

預言者にとっての自己の核は偉大なるアッラーから与えられたものであり、もはや彼らは好きな場所に飛んで行くことができ、ありとあらゆる教えを教授され、それによって知識を得ます。

預言者は人生を創造主に捧げます。彼らはアッラーの寵愛《ちょうあい》を受け、アッラーの命によってハイヤーセルフが与えられるのです。

一般に理解されないメタフィジックな面というのは、まさにこの点なのです。

まずは身体の内臓器官の働きをごく緩慢にし、内臓器官のこの働きと「銀の緒」によってつながっているハイヤーセルフとも名づけられるものとを連結させます。

しかるのちに、天使を仲介役にして、最も偉大なるアッラーの愛に見合うとみなされた肉体には、十分なだけの栄養分が与えられるのです。

その肉体の持ち主が望むとおりの栄養分が、アッラーがお選びになったその神聖なる人物の肉体に与えられます。

墓場でバラとバジルの香る死体が腐敗しない理由も、同じメカニズムのなせるわざなのです。ですから腐敗などありえないのです。これに名前を与えるとすれば、ある種の「不死」と言うことができるでしょう。

人の魂は人が生きている間は前述した銀の緒と結びついています。この銀の緒が切れると、何もかもが終わる、つまり、その人は死にます。一方魂は肉体から解き放たれて自由になります。

魂の移動を行うような人は、潜在意識としてはこの青味がかった光りを放つ緒の存在を承知しています。肉体は魂の名のもとに動き、この秘められた世界の真実を体現しているのです。

聖なる光から創造された知性こそ肉体の王座を占める

足を思うように動かせないように、この世は自分の思い通りにはいきません。目が見たいと望むものを見ることができないように、太陽だってその光を自分でコントロールすることはできないのです。魂のコントロール下における知性とは、地上におけるアッラーのバランサーの役割を果たしています。

そうであってみれば、この地上で知性というバランサー以上の存在はないということになります。

知性は四種類の聖なる光から創造されました。

それは、月の光、太陽の光、天の最上階である第七層にあると伝えられる被創造物のうちでも最も深遠なる知識に到達した最後の地点、存在世界の最上地点である「シドレトゥル・メンテハー」の光、そして、アルシュと呼ばれる宇宙を含むアッラーの支配する天上界の最上階である第九層の光の四つです。

知性が創造されると、魂の指揮命令下に入り、肉体のうちでクンダリーニに居場所を定められます。

つまり、あらゆる知識は潜在意識下に潜む知性の助けを借りつつ魂のコントロールのもとで、人間が知識を得るごとに高みへと登っていくのです。

四つの聖なる光から創造された人間の肉体に存在する知性こそは、肉体の王座を占める者であり、知を得て光を当てることから指揮する者、支配者でもあります。

知性は心にとっての安楽を意味します。知性を使えば使うほどに心は落ち着き、不安や悩み、苦しみから遠ざかっていられるのです。

これら知性の光、奇跡、寵愛、恩恵は全てアッラーが与えてくださるものであり、これらはすべて人間にはそれとはわからないようにひっそりともたらされるのです。

これらが人間に与えられるのは、全て知性のお蔭なのです。

知性が人にもたらしてくれる恩恵なのです。

人がその心に知性の光を有していれば、その人は良き人物であり、どんな苦難が訪れようとも、その人は人生において救われ、聖人となるでしょう。

一方、知性の光を持たず、知性が示す道を歩まない者は、良き人物とは言えず、本人が変容しない限り、アッラーの世界での居場所はありません。

自然に忠実でない国や帝国は滅びる

自然界は魂に満ち溢れています。壮大な山の魂、見事な佇《たたず》まいの湿った大木の魂、湖の魂、野生動物たちの魂。魂はそれぞれ性格も異なります。

人類は自分と自分の家族に必要な分だけのものを自然から取ればよく、行きすぎた行為は自然を怒らせてしまいます。

人間が自然から何かを貰うことができるとすれば、それは自然界の魂たちがこれに同意したからなのです。だから人間は、自然界の魂たちに感謝の気持ちを持つべきなのです。

古代人は山の魂が偉大だと信じており、その地域で一番高い山に豊穣《ほうじょう》の祈りを捧げました。神の与えたもうた自然の恵みに感謝し、自然からパワーをもらっていると信じて生きていました。自然に対して忠実でない国や帝国は、すぐに滅びてしまうということを熟知していたのです。

トルコ民族の中央アジアにおける弱体化と中央アジアからの移住の原因については、唐の時代から残る中国の古い伝説があります。トルコ民族が代々神聖なものとして大切にしてきた岩がありました。トルコ民族はその神聖なる岩から力をもらって生きてきました。

ところが、トルコ民族はその岩を唐人にあげてしまったのです。すると、突然空が奇妙な黄色がかった色に覆われ、鳥の飛ぶ音を含む自然界の一切の物音がこの世から消え去り、砂漠の砂の色もどんどん黄色く変色していきました。

トルコ人たちやその他の遊牧民たちの間で、伝染病が流行し始めると、地底を流れる水から、「移動せよ、移動せよ」という声が聞こえてきました。

地底の水の魂たちは自分たちを裏切ったトルコ民族を、このような形で故郷から追い出し、罰を与えたのです。

この出来事が次世代のトルコ民族にとっての教訓となり、その後トルコ民族は居住地域の自然に逆らわず、大切にしながら生きようと願うようになりました。

第十一章　子どもはどのようにして生まれるか

「我が天使たちよ！　その通りだ、人間を創造する！」

本章ではまず聖アーデム、その人について言及したいと思います。

無謬の存在である創造主アッラーは、聖なる書物である『クルアーン（コーラン）』の第二十三章「信仰者章」において、聖アーデムの創造について次のように言及しています。

「我ら（アッラー）人間を創造するには精選した泥を用い、次のその一滴をがっしりした容器(30)の中におさめ、次いでその一滴から凝血を作り、ついでその凝血からぶよぶよの塊を作り、その塊から骨を作り、さらにその骨に肉を着せ、こうしてようやく新しい生き物を産み出した。ああなんと有難いことかアッラーは。ありとあらゆる創造者にまさる創造者におわします(31)」

また、第八十六章「明星章」ではアーデムの創造について、

「考えてみるがよい。人間は、自分が何から（何を材料にして）創られたかを。さっとふき出す水（精液）がもと。腰と胸の間から出てくる水が。してみれば、それをまた引き戻す（一度死んだものをまた復活させる）もいとたやすいこと(32)」との言及があります。

男性が女性に接触すると、男性の精巣から分泌される精液が出ます。一方、女性の性器からも液体が分泌されます。アッラーが二名の天使を呼び寄せ、この二種類の液体を混ぜ

(30)容器とは、ここでは子宮を意味する。

(31)『コーラン』（中）　井筒俊彦訳　岩波文庫　p179

(32)『コーラン』（下）　井筒俊彦訳　岩波文庫　p274

合わせるよう命じます。

天使たちが、「神よ！　あなたはこの二つの胚子から人間を創造なさるおつもりですか？」と尋ねます。そしてアッラーが「我が天使たちよ！　その通りだ、人間を創造する！」と命じられます。

そうすると、精巣から分泌される精液と、女性器から分泌される液体が一か所に集められて混ぜ合わされます。天の最上階であるアルシュから一陣の風が吹き、この風が母親の胸に届き、二種類の分泌液を合わせ、さらに母親の子宮で混ぜ合わされます。

こうして二種類の分泌液が混ぜ合わされると、子宮の膜や壁にちりばめられるのです。男性の精液は腰骨から、女性の分泌液は肋骨の間から分泌されます。

次に、偉大なるアッラーは天使たちに、今まさに二種類の分泌液から創造されようとしている人間の、墓場となる場所の土を一握り持ってくるようにと命じます。母親の子宮で混ぜ合わされた二種類の分泌液とその土が混ぜ合わされます。土と混ぜ合わされた二種類の分泌液は四十日間天使たちの右手で捏ね続けられます。

女性と男性それぞれの体から分泌された液体と、それによって創造される人間が死すこととなる墓場の土が捏ねあわされることで、血の塊となります。

次にアッラーは、人間創造の助手である天使たちに、二種類の分泌液と死に場所の土から血の塊状になったものを左手で捏ね合わせるように命じます。すると四十日後にこれが一片の肉片となります。

一片の肉片となったこの物体を、今度は右手に持ち替えてさらにまた捏ね合わせるという作業をさらに四十日間続けたのち、二十日間放置します。二十日放置された肉片に、血液、血管、骨が形成されます。

さらに先を続けましょう。人間の肉体の全器官のうち、最初に創造されるのは人間の肉体にとっての主柱である肋骨です。人が生まれ、成長し、生き、そして死ぬと、この一番最初に創造された骨である肋骨は、一番最後に土に還ります。他の器官や骨と比べて、腐敗が最も遅いのです。

胎児の肉体に魂が入ると胎児は手足を動かすことができる

さて、肋骨を創造した翌日、右腕と人差し指が創造されます。三日目には左腕と頭部が創造されます。四日目に左足が創造され、五日目には右足が創造されます。六日目には三六六本の血管が創造され、そのうち半分が稼働し、半分は働きません。というのも、半分は血液となって人の体内を駆け巡り、残りの半分はガスとなるからです。

そして、この動かないほうの血管に何らかの動きがあるときというのは、人が病気にかかっているということを意味します。逆に、動いているほう、心臓の動きに合わせて膨らんだり細まったりするほうの血管が動きを止めるということはすなわち、その人の死を意味します。七日目には七四〇本の骨が形成されます。八日目には二万四千本の体毛が形成されます。

さて、九日目に偉大なるアッラーは、被創造者であるその人物に四人の天使を派遣します。天使たちのうちの一人が、その人物の寿命についての詳細、つまり、いつどこでどのように死ぬかを書き記します。

二人目の天使は、その人物が人生においてどのような悪事を行い、どのような背信行為を行い、周囲にどのような悪影響を及ぼし、どのような不運に見舞われるか、さらにはどのような信仰心を抱き、どのような幸運に恵まれるかなどを書き記します。

三人目の天使は、神の恵みである飲食物のうちその人に必要な量を書き記します。

四人目の天使は、その人物の身に起こる出来事を書き記します。

十日目にして、母親の子宮内の人物の胎内に生命が入り込みます。そして五ヵ月の時が満ちた頃、聖人たち、つまり光の教師たちにその報せが届きます。こうして、母親の胎内にある肉体に魂が吹き込まれると、胎児はようやく動き出します。つまり、胎児の肉体に魂が入ると、胎児は手足を動かすことができるようになるのです。

その後偉大なるアッラーは、母親の懐を胎児にとってのミフラーブ、つまり礼拝をするための方角と定めます。すると胎児は、礼拝するときの額を床につける体勢に似た格好をするようになります。この礼拝がもたらす効果により、子を妊娠中の母親は特定の食べ物が食べれなくなったり、食欲が減退したり、また特定の食べ物をやたら食べたくなったりします。

妊婦がこのような状況に陥《おちい》るのは、人間が魂や知性を持つ存在であり、そして他の動物よりも優れた理解力、思考力、学習能力を具えているからなのです。

アッラーは人間に魂と知性を与えたその日、人間のありとあらゆる器官にそれぞれ必要不可欠なものを授け、その上でこの世に生まれ出るように配慮なさったのです。これで完全であるとアッラーがお定めになり、あらゆる欠陥は払拭《ふっしょく》されました。

ただし、膝だけは、母親の胎内では形成されません。これぱかりは、人間が生まれてからおよそ二年から二年半後に発達します。

人間の心が正直であれば人は正しい道を見つけ安楽を得る

偉大なるアッラーは、聖アーデムを創造されその肉体に必要な教育を施し、知性を授けました。私たちの肉体の皮膚に至るまで知性が宿っています。人間には理解力、善悪の判断力、警戒心が存在しますが、それだけではありません。人間は欲望、つまり現世の一過性の享楽に溺れる傾向があります。

その知性のために、「良き兵士」と「悪しき兵士」に分類されるそれぞれ五十五人の兵士が、人間を創造したときに、アッラーによって遣わされました。

アッラーは人間が頭脳をよりよく使用できるよう、あらゆる物事、そして知性自身にとって敵対するものを創造されました。

意識の高い人は知性を最もよい形で使い、仁徳を高め、周囲にもよい影響を与え、人々の模範となるでしょう。この世に様々な宗教や民族が存在するのは、ライバル関係によって人がよりよく知性を活用し、互いを高めるためなのです。

知性の兵士のうち「良き兵士」を使う人間は、正しい道を歩み、悪の道から可能な限り遠ざかっていられます。

知性の兵士とは、魂によってもたらされるインスピレーションのことです。インスピレーションとは、神的世界に特有のもので、アッラーによって預言者や聖人、あるいはお気に入りの人間たちの心を満たします。アッラーは選ばれし者たちの知性にインスピレーションを与え、それによってこれら選ばれし者たちは人類に奉仕することができるのです。

一方、正反対の存在としてあげられるのが、享楽の兵士です。これは、疑心暗鬼の心をもたらします。この世の享楽や快楽へ耽溺《たんでき》は、悪魔によってもたらされた人間の内面に生起する混乱状態なのです。

この二つ、つまりインスピレーションと疑心暗鬼の心が、毎日人間の内面世界で闘いを繰り広げているのです。知性の兵士が享楽の兵士を負かせば、その人の肉体も魂も、創造主たるアッラーより愛されるべき人となりえます。

アッラーの預言者である聖ムハンマドの言行録である『ハディース』に次のような逸話《いつわ》があります。「人間の身体のうちで、その器官が良好であれば身体はすっかり良好となり、それが不調なら身体すべてが不調になってしまう、という種類の器官がある。その器官こそは、心である」つまり、人間の心が正直でアッラーへの信仰心があれば、最後には必ず正しい道を見つけ、人は安楽を得るだろう、ということです。

人間が成熟すればするほど知性もまた磨かれる

さて、魂のコントロール下に置かれている知性は、天空に存在する月によく似ています。刻々と姿を変える月のように、知性もあらゆる出来事に対応することができます。また、人間が得た科学的知識は心を豊かにしてくれます。

さらに、知性は毎日天空を泳ぐ月をはじめ、全ての惑星と永遠の空洞を照らし温める太陽にも似ています。知識を得るために学び、聞き、見て、試すという点で星たちにも似ています。

学問によって得られた知識は、太陽のように自分自身を照らし、さらに周囲を温めもし、そして私たちの道しるべともなってくれます。

月自身は光を発しませんが、太陽から得た光で月自身を照らすとともに、太陽ほどではないにせよ、多少なりとも私たちの道を照らしてくれます。星たちは月ほどではないにしても、やはり太陽から得た光で星自身を照らすとともに、ごくわずかであっても私たちの道を照らしてくれます。

学問は、それを学び、聞き、見て、試すことで私たちの道を照らします。

この世に陽は昇りまた沈みます。学問によって得られた知識がきちんと心に刻まれ、進歩的な考えを持つことができれば、その人の持つ自然の力は決して失われることはなく光も失われません。

また、才能や学問とは何かを理解し、自分自身だけでなく、自然界にとって有益な人間となることができるでしょう。これもまた、アッラーが人間に与えたもうた恩恵なのです。

知性は星たちのように無限大の空間を有しています。また、月のように常に姿を変え、太陽のように道を照らし温めてくれる、人間に与えられた最も大きな長所です。

知性は具体的な数値で測ることはできません。

知性とは、真実と嘘、真正さと過ちを見極めたり、あるテーマについて考えを深めたり、意見を知らせたりするための才能です。人間が成熟すればするほど、知性もまた磨かれます。

知性について、これまで無数の概念化が行われてきました。しかし、そのいずれも、知性の真の意味について私たちが完全に理解できるほど十全に提示されてはきませんでした。

一方、知能は出来事を事前に察知し、関係性を理解し、判断や明確化のための才能であり、想像力です。知能は魂の次元の出来事や、感知力や記憶力、その人の傾向やこだわりによって異なってきます。

想像の源である知能は、知性から生まれています。知性が数値化できないのとは異なり、知能はIQと言われる方法によって数値化されることができます。

本章で書いたことは、光の教師たちからの教えです。

第十二章　人間の身体
―この地球に酷似したもの―

天空界七層に似る人間の身体

さて、この世には**七層の天空界**が存在しますが、**人間の身体にもこれに似た七層**が存在します。

一、皮膚
二、肉
三、血液
四、血管
五、神経
六、骨
七、骨髄

人間の感じる不安と悲しみの入り混じった感情は、雲に似ています。人の流す涙は、雲から流れる雨に似ています。また、人間の骨の頭の部分は山に似ています。

この世には**七つの大海**があります。海は全てを飲み込みます。

一、人の目が、良からぬものや醜悪なものを見ると、人は苦しさを覚えもするし、それに魅了されもします。

二、人の口が、悪いことや醜《みにく》いこと、醜聞《しゅうぶん》や悪口を口にすると、人は苦しくなり困難な状況に陥ることになります。予期せぬような形で周囲を不幸にしてしまいます。

三、人の耳が、悪いことや醜いこと、また人に知られてはいけない秘密を聞いてしまったとき、人は苦しくなります。

四、人の胃が、消化できないような悪いもの、不浄なもの、不潔なもの、禁じられたものなどを食べると、消化する際に出される様々な有毒物質や身体が示す拒否反応によって苦しくなります。

五、人が空腹を覚えるとそのせいで様々な悪事に手を染めてしまうため、それによって人は苦しみます。

六、痛みや苦しみに対して有効な治療薬を用いなければ、人は苦しんで死ぬことになります。

七、過剰な愛情、激しい欲望や意欲は、人を狂わせ苦しませます。

人間の流す涙は、この世に流れる川に似ています。この世には村、町、都会、集落、無人の山などがあります。人間の全器官を支える肉体が人それぞれ異なっている様は、村に似ています。人間の手足の指は、この世に存在する樹木に似ています。人間の腕は、草や低木に似ています。

さて、**この世には四種類の水**が存在します。

一、ピュアで無添加で清潔で透明な甘い水

二、辛味だけしかない辛い水
三、硬く重い成分が混じった、井戸や泉など流れのない場所から汲まれる硬水
四、臭いがきつく不潔で汚い水

一方、人間の**肉体にも四種類の水**が存在します。
一、口の水、つまりよだれ。これは食べ物を柔らかく滑らかにし、消化を助けます。
二、目の水、つまり涙。これは物を溶かし、塩分を含むため、辛味があります。
三、鼻の水、つまり鼻水。呼吸することによって体内に入る埃《ほこり》を吸って細菌を持っているため、また他の成分の特徴から、重量のある水分です。
四、耳の水。これは臭気のある水です。

この世には四種類の火があります。
一、石から出る火。火打石をこすり合わせることで出る炎
二、木から出る火
三、雷の火
四、地獄の火

人間の**肉体にも四種類の火**があります。

一、食卓。多様な料理で飾られた食卓は、焚火《たきび》のようなものです。人を引き付ける力があります。
二、欲望や性的欲望。この世の一過性の享楽への欲望へと傾倒する焚火です。
三、冷淡さ。物事を気に入らない様、不快な様子、感じの悪さなどをもたらしながらも反対の意味で人を引き付ける火。
四、愛の火。良きものに対して感じる関心や愛情の火。

この世には四種類の風、空気の流れ、流れ続けるそよ風があります。
一、ダブルと呼ばれる、日没時に吹く風。「素早く動く物体によって生成される風」という意味ですが、ここでは日没時に吹く風を意味します。
二、サバと呼ばれる、日の出と共に吹く風
三、ジェヌップと呼ばれる、夏の間日中に吹く南風
四、シマルと呼ばれる、北東から吹く冷たい風。南半球では条件が異なるため特徴は異なります。

人間の**肉体にも四種類の風**が吹いています。
一、最初はジャーズィベと呼ばれる風です。食べ物を飲み込む機能に働きかけ、食べたものを胃袋へと運ぶ風です。
二、二番目の風は消化です。胃袋で人が食べたものを待ち構え、消化しやすい状態にします。
三、三番目の風は運搬役です。食べ物が細かく砕かれると、今度は小腸にある小さな突起から血管へ

と栄養分が吸収され血液に流れ込み、それが体全体に運び込まれます。

四、四番目の風は廃棄役です。吸収されなかった食べ物、つまり消化されないもの、肉体には必要のない残り物などを、直腸を通じて体外へ廃棄します。

二種類の水、混じり合わない不思議

濃度や塩分、その他の要素などから海を二種類に分けることができます。一方は塩分が少なく濃度も薄い甘い海水であり、もう一方は塩分が多く濃度も濃く大変塩辛い海水です。

例えば、この二種類の海水が混在するのがジブラルタル海峡です。この二種類の海水が一つになり、互いに混じり合うことを妨害するものは無いにも関わらずこの二種類の海水は決して互いに混じり合うことはありません。

濃度と成分が異なるこれらの海水は同じ場所を流れていても、いかなる要因が作用せずとも、濃度が濃い海水は深い場所へ行き、濃度の薄い甘い水のほうは浅い場所を流れます。本来なら、混じり合って当然なのですが、私たちの預かり知らない、目には見えないある障害が存在し、そのために混じり合わないのです。

人間の目から流れる水分にも二種類あります。涙は塩分を含むため塩辛いですが、同じ目から発生しているものでも、目の潤いを保つ水分のほうは甘みがあります。異なる組成を持つこの二種類の水分は同じ場所で発生します。ところが、この二種類の水分は決して互いに混じり合うことはありません。

眼球の主成分は油であり、油は塩分を必要とします。油分というのは塩分が入らないと異臭を発します。潤いを保つ水分のほうは塩分を含まないので、もし涙に塩分が含まれなければ人の目から異臭が発せられてしまいます。

そのようなことになれば、人間は互いに近づくこともできず、お互いを嫌悪したことでしょう。また、もし潤いを保つ水分が甘くなければ、目は何も見えなかったことでしょう。

人の肉体のうち墓に似た箇所があります。それは、鼻の穴です。人間の鼻の穴は二つあります。一つは細い管で脳に続いていて、もう一つは喉へと続いています。同様に、お墓にも二つの穴がありま す。一つは死した肉体のための穴で、地中深くに死体を埋めるための穴。もう一つは魂が外の世界との繋がりを保ち続けるための出入り口としての穴です。

また、墓に横たえられる死体には二種類あります。天国へ旅立つ死体と、地獄へ落ちる死体とです。

心の中に知性の聖なる光がある者は良き人物なり

四つの聖なる光から創造された人間の肉体に備わった知性とは、まさに権力そのものなのです。

「賢明な人」とは、四つの聖なる光から創造された知性を最も有効な形で使える人のことで、このような人は墓の中にあっても安楽に過ごすことができます。それは、信仰心を持ち知性にあふれた人は、あらゆる苦しみと距離を置くことができるからです。

「賢明な人」とは物事を知り、光明を得たことで命令を下すだけの力を具えているのです。知性が偉大であってみればこそ、心も静寂を保ち、不安や心配から遠ざかっていられるのです。

人間にこれほどの聖なる光、知性、奇跡、美を与えたのも偉大なるアッラーであり、これらが与えられたのは全て知性のお陰なのです。知性が命じ知性が得た善なのです。

心の中に知性の聖なる光がある者は良き人物でありこの世で救われる者であるのに対し、心に知性の聖なる光を持たない者、知性が示す道を歩まない者には善は訪れず、またこのような人物には偉大なるアッラーの傍らに居場所はありません。

太陽は天に昇り、その陽光は地に注がれます。一方、深淵なる知識やアッラーによって人の中に生まれる知識や直感といった心の中の知や心の光は、太陽の光が到達できない場所である、天国の第九層、つまり最上階にあたるアルシュと呼ばれる世界に注がれます。

暗闇に光明をもたらす三つの光

時間の概念の向こう側に存在し、その起源は人のはかり知ることができるものではなく、無限の過去を持ち、未来の向こう側にある永遠という時空の中にアッラーは存在し、次の三つの光で世界を照らしてくれているのです。

一つ目は、月と太陽と星たちの光。

二つ目は月や星たちの光がない場所や光が届かない場所で、この世の宵闇《よいやみ》を蝋燭《ろうそく》などの光をもたらす道具です。かつてその道具はランプであり、現代においては電気の力です。これらの道具は光を灯すだけでなく温める役割も果たします。

三つ目の光は、罪という闇や宗教的に不適切かつ神の法に背いた心を、働いた悪事に対し後悔し、偉大なるアッラーの許しを心の底から願い、二度と悪事に手を染めないために人を照らす役割を担う聖なる光です。


さらに偉大なるアッラーは、三種類の暗闇《くらやみ》を人間に授けました。そしてこの三種類の暗闇に対して、それぞれ異なる媒体を用いて光明をもたらしました。

一つ目は土、水、空気、火という四元素です。そして、これらの暗闇に対し、知性という聖なる光によって明るさをもたらしました。

二つ目は無知、無法、知識から遠ざかること。そして、この暗闇に対しては、学問、知識、直感の聖なる光によって明るさをもたらしました。

三つ目の暗闇は、物欲、動物的欲求、悪事へと傾いてしまう人間の感情です。この暗闇に対しては、インスピレーションによってもたらされる深淵《しんえん》なる知性という光が与えられました。

偉大なるアッラーは『クルアーン（コーラン）』の第五十七章である「鉄章」第九句の啓示を下されています。

「お前たちを暗闇から光明へと連れ出してやろうとして、ああして盛んにまごうかたない神兆を僕（マホメット）に下していらっしゃるのは誰あろう（アッラー）御自身におわしますぞ。まことに、アッラーはお前たちにどこまでもやさしく、慈悲ぶかくして下さることか。[33]」

人が心に持つ能力は死ぬまで人の心に住み続ける

さて、偉大なる創造主がいかなる媒体も用いずに人の心の中にもたらした、知識、愛、心を高め心の目で見るという能力それ自体は、太陽という存在に似ている、とも言えます。

一方知性は月に、学問は星に似ています。月は太陽が昇ると地平線に消えて行き、人の目からは見えなくなり、月の光を地上に注ぐことはできなくなります。

学問はというと、本から知識を得たり、人から聞いて学んだり、見たり試したりすることで学びとっていくものですが、常に記憶にとどめておけるというものではありません。

ところが、人が心に持っている能力というのは死ぬまで人の心に住み続け、その人が墓に入るまで生き続けます。もっと言えば、死後もその人にとって有益たりえるのです。

太陽は毎日、太陽系に存在する十二星座のうちのどれか一つの星座のそばを通っています。ですから、残りの十一星座は、太陽がそれら星座の声に耳を傾け、星座たちを温め、元気を与

(33)『コーラン』(下)　井筒俊彦訳　岩波文庫　p174

え、喜びを与え、幸福を与えてくれるはずの恩恵にあずかれないことになります。

賢人の心の中には三六六の星座が存在します。「能力という名の太陽（偉大なる創造主によって人間の心の中に生まれ、文字や言葉などの媒体すら必要とせず、心の知識、直感、心の目などによって道を見出すことができる）」というものも、毎日三六六個の中の一つの星座のそばを通っています。しかし、こちらの「太陽」のほうは、残りの星座もその「太陽」の光の恩恵にあずかれるのです。

人間の肉体には、アッラーを信じる者であってもそうでなくてもあらゆる被創造者が持つ、悪から人を守ってくれる八つの城塞《じょうさい》が存在します。

さらに、全ての城塞には十万の稜堡《りょうほ》と呼ばれる防御陣地があります。学問を修めることによって得た能力という「太陽」はこれら稜堡の代理人の役割を担っていて、全ての稜堡に聖なる光を行きわたらせています。稜堡は、決して能力という名の太陽の光を欠くことはありません。

本章で書いたことは、光の教師たちからの教えです。

第十三章　神秘家としての人生

神秘学の純粋な教えを守り続けている神秘家

オカルトは神秘学とも呼ばれ、古くからの伝統を守りながら、神より授けられた力を持つ知識人やアストラル界におけるガイドとしての役割を担う光の教師たちから選ばれた神秘家たちによって、何世紀にも亘って受け継がれてきました。

今日までオカルトが継承されてきたのは、時代の変化を敏感に察知して適応してこられたからです。

神秘学の純粋な教えを守り続けている神秘家は、何かしらの宗教や特定の宗派を介して、あるいはそれぞれの師匠や光の教師たちを介して神と繋がりを持っており、かつ神を崇拝しています。

神秘家は、受け継いできた神秘学の純粋な教えをより発展させながら適応能力を高め、進化の原動力となるパワーを獲得するために精進します。神秘家の肉体に神から与えられた知識や力は融合していきます。

（一）一神教の考えは、無限の力となります。

（二）魂の再生（リインカネーション）がいつでも可能なのは、光の教師たちの存在あってこそです。その人にとって適当な肉体と場所は、光の教師たちが見つけてくれます。人間が自分の力でこれを見つけることは不可能です。

（三）進歩は、それが必要だと思われる人に与えられます。ここで言う「進歩」という言葉は、「魂と肉体の教養」という大変重要な意味を含んでいます。神秘家が進歩し発展するということはすなわち、その無限のレベルアップ力を身につけるということです。とはいえ、最終的に全てをお決めになるのは神です。

（一）偉大なる創造主であるアッラーは、基本原理を定めました。
（二）自然界における全ての出来事は、この神の定めた基本原則内で生起します。
（三）人間は自然界における基本原則に数値を当てはめ、そこに何らかの法則を見出そうとします。光の教師たちの助けなしには、そのことは成立しません。自然界の基本原則を計算するために、人の一生も能力も決して十分ではないからです。

「多く旅する者こそ多くを知る者である」

神秘的な力を持って生まれた神秘家は常に物事の善悪を見極め、判断し、直感を研ぎ澄ませておかなければなりません。物事を理解できないときは、努力して理解するよう努めなければなりません。

神秘家のこの特別な才能は人類に奉仕するために与えられたものです。神秘家にとってのガイドは神秘家自身の良心そのものであり、神秘家にとっての信仰とはまずもって神への帰依です。そうすると、アストラル界から神秘家を支援してくれる光の教師たちがその人物のところへやって来ます。神秘家が畏怖するのはアッラーと光の教師たち、そしてアストラル界だけです。

神秘家とは、魂の神聖さと肉体の規律に従い、自身が存在する場所、あるいは生まれた場所から遠く隔たった他者の存在理由を理解し、あらゆる困難に立ち向かい、たとえ不慣れな分野のことであっても人々のために尽力する人のことです。

神秘家とは、人々の足元を照らすためには自分がどの土地に居ようと決して諦めず、平和と平安のために身を捧げるのです。

ごくまれに、アストラル界から選ばれた神秘家が生まれた土地に近い場所で過ごすことはありますが、一般的には生まれた土地や家族から遠く離れた場所に移動して生活します。

例えば、光の教師たちと呼ばれる人たちも生まれた土地からは遠く離れた土地で一生を終えるのが普通でした。これが自然の摂理というものです。人間は学びとったことだけで正しく生きる道を見つけられるというわけではありません。

神秘家も同じです。自然界が教えてくれる多くの実り豊かな出来事に接することで、人類の役に立つことができるのであって、言ってみればそれは神秘家にとっての運命なのです。

生まれた土地を離れたことのない神秘家の持つ知識や経験だけでは、本人の短所をカバーするには十分ではありません。トルコ語のことわざで、「多く旅する者こそ多くを知る者である」というのがありますが、実にその通りです。

神秘家はゆるぎない自信に根差した感覚を持って人生を歩んでいかなければなりません。魂を共有する相手は、とりもなおさず神であり、ついで神の補佐役である光の教師たちです。神秘家たちは、アストラル界で自らの犯した過ちを見ることができます。

黄道十二宮や十二星座は太陽の位置の影響を必ず受ける

地上の全ての人間はこの世に生を受ける以前、アストラル界で自分の両親を誰にするかを含め、すでに定められている自らの人生を選びとります。それがあたかも地上で計画的に練られたものであるかのように見えたとしても、実際は黄道十二宮の完全なる支配のもとにある、ということを神秘家たちは知っています。

また、人がどのように成長し、どこに住まうかなども神秘家にはわかっています。黄道十二宮や十二星座は太陽の位置の影響を必ずや受けます。このことは光の教師たちによって選ばれた神秘家にも伝えられていることで、私もこの教えを受けました。このような知識、全星座と最適な形でコミュニケーションをとる力は、十分な経験を積んでこそ得られるのであり、人間のほうでコントロールできるものではありません。

神秘家は不正に対して情け容赦ありません。自身が十分な成長を遂げたと思えるまで、光の教師たちを信じながら、いかなる苦行も人の嫉妬心や難問にも不屈の精神でもって耐え続けます。こうして良心の案内役になるだけの十分な成長を遂げ、その資格を備えることができてはじめて、アッラーと光の教師たちの許可を得ることができます。

当然ながら神秘家にとっての最大の望みもそこにあり、またそうでなければなりません。神秘家とは、決して値札を見て左右されるような存在であってはならないのです。神秘家は常に良心に従って生きなければなりません。

睡眠は、それぞれの肉体のキャパシティーに応じて与えられます。神秘家の肉体は、過度な睡眠を要しません。アルコールとたばこの摂取に関しては、十分な成長を遂げた後では決して口にされることはありません。

神秘家の力が増せば増すほど、その人の自由は制限されます。それはあらかじめ本人に知らされますが、これを本人が実行できない場合は、本人になり代ってアストラル界がこれを強制します。

ですから、階段を一段ずつゆっくり上るように、その人の人生はコントロールされているのです。人間はそのポジションが上がれば上がるほど、拘束されるものなのです。もしあなたが人生の中で、自身の人生が何かに囚われ始めた時期があるとしたら、それはこの世のリーダーとしてあなたには才能があるとして選ばれたということであり、人生の階段を上がったことになります。

修行を終了するにはかなりの忍耐力が必要

さらに、神秘家としてのもう一つの側面は、教師・知識人としてのそれです。弟子をとり、後進の育成に勤しむことになります。それは十五年や二十年という長い年月を要します。あるいはもっと短い期間で終了することもありますが、弟子にあらゆる教えを伝授します。

教えの第一歩は、とりもなおさず「闘い方」をマスターすることです。弟子が後々自分を守れるように、ヨガのレッスンの傍ら、宗教的知識をたっぷりと仕込みます。神への信仰心についてのレッスンを行う場合もあれば、自信を深めさせるために神への信仰心はとりあえず棚上げして本人の心の成長や身体的な変化、メタフィジカルなシステムでコントロールする術を教えこむ場合もあります。

このような修行を終了するにはかなりの忍耐力が必要であり、中には途中で脱落したり、精神のバランスを失ってしまったりする人も出てきます。一〇〇年に数人という大変稀なケースですが、途中で自分のやるべきことを放棄し、簡単にお金を稼ごうとして、教わった内容を人にお金を払わせて教える輩もいます。

このような人間は、定められた運命と向き合うことに恐れをなし、自らの任務を途中で放棄する人です。安易な道として、教わったことを金銭に稼ぐ手段として利用するのです。

成功する弟子とは、そもそも神への信仰心があってこそです。神と人類のためにその弟子の人生はあります。優秀な成績で修行を終えても、決してその将来は約束されているというわけではありません。

長年にわたる修行を行った神秘家の弟子は、経験を積むために人生の中で数多くの苦難に立ち向かうことになります。こうして得た経験や忍耐によって自分自身を成長させてゆく必要があります。

現実の人生の長い道のりの間には、どんなに努力をしても報われないこともあります。

でも、報われず褒められもしなくても、そのようなことを経験する、という得難い経験を得ることができます。

こうして十分な経験を積んだと見なされれば、アストラル界を介して偉大なるアッラーからの称賛を受け取り、レベルを上げていくことができるのです。

私自身が受けているレッスンは、全てアストラル界に存在する光の教師たちから受けたものです。

前述したように、アストラル界からレッスンを受けている神秘家は、母親の子宮にいるうちに黄道十二宮によってすでに定められている運命を教えられます。

通常のレッスンを受けている神秘家の卵たちが、これに到達することはまず不可能です。

アストラル界から直接レッスンを受けている神秘家は、人々が占星術的によい運勢を享受するための仲介役となる才能を与えられています。

結局のところ、全てを決めているのは神です。

どれほど素晴らしい神秘家であっても、決定権はありません。

人と神の間の信仰の絆を知るのは、神と当の本人のみです。

人生の秘密を知るのも、死の秘密を知るのも、神ただ一人です。

七つの真実　―ある師匠とその弟子とのやりとり―

さる高貴な位の男が、幼少の息子に対して大変冷淡な振る舞いに出ました。男は屋敷の召使に命じて、自分の息子を宗教学者の経営する神学校に入れたのです。

男は、息子がそこで十分な教育を受け、きちんと成長できるようにと願いつつ、神学校の最高責任者であるお師匠様に、山ほどの手土産と手紙と一緒に息子を預けました。全ての準備は召使の者が整えました。実の母親ですら息子には冷たく、誰もその子に関心を示すことはなく、彼らはあっさりと家を出発しました。

さて、神学校へ向けて出発した二人ですが、召使は男の息子と道中言葉を交わすこともありません。それでも、必要なことは全て万全に整えてあります。まず神学校に着くと、召使は学校の最高責任者と面会し、子どもの出身地や父親の身分について大層胸を張って申し伝えました。

最高責任者であるお師匠様に向かって、沢山の手土産を持参したこと、子どもの面倒をしっかり見て滞りなく教育を受けさせるようにと、上から命令を下すかのように告げました。その様子をお師匠様は注意深く観察し、その上で返事をしました。

子どものほうも事の成り行きはわからないものの、何がどうあれ従うつもりで注意深く成り行きを見守りました。

お師匠様は、持参した手土産は学校へ贈られた寄贈品として受け取りながら、賄賂《わいろ》を受け取って子どもを教育するつもりはないこと、そもそも賄賂で教育を受けたところでそのような教育に信憑性はないし、十分な知性が備わっていれば自ずと頭角を現すはずだと言いました。

実際のところ、子どもの成績表をつけるのは、一点の曇りもなく公正な立場を守る審議員であることも伝えました。

また、もし子どもが自分自身を信じているのであれば、本人は努力を惜しまないはずで、頭の回転がよければ将来も有望だろう、とも言いました。

ただし、学校側が子どもたちに与えるチャンスや教育、知識や経験といったものを、本人がどのように生かしていけるか、ということが最も重要なのだとも言いました。

反対に、せっかくの知性をマイナスの方向に使い、常に他力本願な姿勢で、精神的なダメージを受けてしまうと、今後ずっと孤独の中で立ち往生することになる、と。そこまで言うと、口を閉ざしました。

こうして子どもは神学校に入り、しかも大変優秀な成績を修めることになり、お師匠様は、まるで我が子のようにその子を溺愛《できあい》しました。子は成長するにつれ、神学校始まって以来の最も優秀な生徒となり、最高の地位にまでのぼりつめました。

お師匠様は弟子との別れを惜しみ、もう少し傍らに置くべく、自分の持っている全ての知識を弟子に伝えました。


二人は強い愛で結びついていました。しかしやがて、別れの時はやってきます。

「お前は十分成長した。もうここを去る時が来た。ここでお前が学ぶべきことはもはや何一つ残っておらん」

お師匠様はそう言いながら、弟子を愛情深く見つめました。

「ある種の愛情というのは、【到達不能性】とともに存在する。お前はここにやってくる前、家族から引き離されたことにより、手に入らない家族の愛情とともに生き、それを耐え、そして乗り越えた。別れとは、二度と元には戻れない川の流れに似ているのだよ。手に届かない愛を、今度は私たち二人が生きることになるのだ」と言いました。

さらに、こう続けました。

「お前はここで何を学んだか、言ってごらん」

弟子は、

「私はここで教育を受け、師匠様からは特別な教育を承りました。愛する心も憎む心も、私はここで学び、経験しました。それでも、結局のところ私の心にとどめられたのは、七つの真実です」と言いました。

「私の一生をお前に捧げたというのに、たった七つしか学ばなかったというのか？」

「はい！」

「では何を学んだか言ってみよ」

深い知識、直感、心の目で見ることのできる能力を備えたこの弟子は、次のように言葉を続けました。

「人間とは、何かしら対象を見つけてはその対象の虜となり、心をすっかり明け渡してしまいます。ところが、相手の方はほとんどの場合最後までつきあってはくれず途中で放り出してしまいます。ですが私は、私を決して見放すことなく、死後も私と共にあるような存在を探し求めました。こうして、私は善を親友として選びました。善は、永遠の上昇の旅に出た人間にとっての、決して絶えることのない糧であり、真実の友です。」

「なるほど、素晴らしい。真実の友だ。では、二番目はどうだ？」

「人間とは、一過性のこの世の価値にしがみつき、それを必死に守っています。なんとか死守しようとあらゆる手段を講じます。ある人にとってそれは富だったり、別のある人にとってそれは美だったり、何らかの物だったりします。ですが私は、私という存在と私の欲望の全てを神にささげ、心を神の愛のみに開きました。」

「続けなさい」

「人間は人より上位に立とうとして競い合っています。ほとんどの人は、人より上に行くために、間違った場所で右往左往しており、相手を踏みにじって高みに登ろうとしています。私は、一過性のこの世の価値にしがみつくのではなく、知性と倫理によって成長し、あらゆる悪しき事柄から逃れ、良きことのための役に立つことによって、人の上に立つという道を模索しました。」

「続けなさい、弟子よ」

「また、人間は朝から晩まで互いを気にしすぎて、要らぬところで人生に毒を散りばめています。これらはエゴやジェラシーの結果なのです。ですから、私はこのような穢《けが》れの心を浄化して、誰とでも親密になり、安心と信頼のうちに人生を歩む道を見つけました。」

「それから?」

「どういうわけか、人は過ちの原因を常に外部に求め、他人を非難する傾向にあります。こうして、過ちを覆い隠してしまうのです。実際には、その人の身に起こった出来事は、全てのその人が引き起こしたものなのです。このことを胸に刻み込み、欲望に身を任せないよう、疑心暗鬼の蜘蛛《くも》の巣にからめとられないように努めています。」

「その通り」

「人間とは、たった一切れのパンや物品のために、神の赦したもうた物であろうとなかろうと、ありとあらゆる権利を踏みにじります。他人の権利を剥奪《はくだつ》し、他人を貧困に陥《おちい》らせ、さらにこうして犯した不正を、良心の呵責《かしゃく》として背負い続けているという点で、二重の罪を犯していることになります。人が権利を等しく分けあって生きれば、この世の恵みは全人類に充分に存在するというのに。」

「七つめは?」

「七つめは、人間とは何かしらに寄りかかり、何かしらを信じて生きる必要がある生き物だ、ということです。ある人は富を、また別のある人は美に寄りかかり、それを信じています。でもそれらはどれも時が来れば価値を失う一過性のものにすぎません。私はそのようなものにはすがらず、ただアッラーの懐だけを頼り、アッラーの助けだけを願いました。そうして私は永遠の信頼感に包まれました。」

「息子よ!」

「別れというのはどの場所でもいつの時代でも悲しみに満ちておる。時には人を苦しませもする。だがお前がこれから歩む道は、まっすぐにどこまでも伸びている。お前は本当にバランスがとれていて、恐れというものを知らない。

教える者というのは、時に人に教えることによってそのことが経験となり、また、物事を教わることができる。こうしてより高みに昇ることができるのだ。

今お前は満点の回答をした。おめでとう、我が弟子よ。この世の事象は全て、お前の言った七つの真実の周りを廻っているということを、すっかり見抜いたのだな。」

第十四章　預言者と光の教師たちの不死性

永遠に到達した生命は神と出会い、神と一体となる

肉体が死を迎えても、神への真の愛に包まれた肉体に宿る生命はその生を保ちます。その生命は、神への真の愛の中に飛び込みその永遠の生の力に到達し、永遠の生にとどまり、不死に開かれた力に到達するでしょう。永遠に到達した生命は神と出会い、神と一体となるのです。

預言者ムハンマドは次のように述べています。

「真に神の親友である聖人が『我がアッラーよ』と唱えたとき、『私の愛、恍惚、魅力は、おまえに向けてのものである』という、完全かつ無謬な存在である偉大なるアッラーの声が聖人の耳に届けられる」

聖人の「我がアッラーよ」という創造主への語りかけに対し、偉大なるアッラーが「私の愛、恍惚、魅力は、おまえに向けてのものである」と語るとき、天の第九層であるアルシュで双方の言葉が交差して聖なる光が生じます。

その聖なる光の炎と輝きの影響を受けて、天の第七層に数十万種類の様々な色形をした花々が咲き始めます。第七層から第六層はこの花々の芳しい香りに満たされます。

第六層と第五層の間は龍涎香《りゅうぜんこう》、別名アンバーの香りに満たされます。第五層と第四層の間は「アビル」と呼ばれるサフラン、アンバー、ムスクの混ざり合った香りに満たされます。

第四層と第三層の間はバジルの香りで満たされます。第三層と第二層の間は雄のジャコウジカの腹

部から得られる香料であるムスクの香りで満たされます。第二層と第一層の間はバラの香りで満たされます。

このようにして世界はアッラーの慈悲で満たされるのです。

この世全体が聖なる光に満たされたことにより位が高められます。このような状態になったとき初めて、天の第七層に存在する天使たちが喜びをあらわにし、「今日はなんと神聖で敬虔な一日でしょう。このような芳しい香りが漂ってくるとは」と、互いに声を掛け合います。

そして、咲き誇る花々を集めて天の第八層を端から端までその花々で飾り立てます。こうして集められた花々の中から、今度は全く別の花が生えてきます。これこそが、「バラ・バジルの花」です。バラとバジルの両方の香りがするのが特徴です。

「私の愛、恍惚、魅力は、おまえに向けてのものである」

聖人が現世の生を全うしアッラーが与えたもうと寿命を終えると、その花が聖人にもたらされ香りを嗅がせられます。そして、死にゆく聖人にアッラーの愛が示されます。

その花の香りと真のアッラーの愛のもたらす陶酔感が、その聖人の血管に広がっていきます。するとその聖人は、アッラーの愛によってその生命を抜き取られます。

生命をアッラーに返上した聖人は、自らの死を認識することすらありません。つまり、死の苦しみを味わうこともなければ、自分が死んだことすら分からないのです。

周囲で聖人の死を目撃しているはずの人たちも、聖人が死んだことに気がつかないのです。この世には、人を戸惑わせるほどの魅力的な言葉や状況というものがあります。それについて少し触れたいと思います。

光の教師たちや賢者たち、すなわち『クルアーン（コーラン）』の聖なる秘密に到達した人たちに死は訪れません。賢者たちの生命はその人から離れることはありません。賢者たちがその地位に昇りつめ、許された地位をその目でみるまで、そして願いがかなうまでは。

さて、鋼鉄を火打石に打ち付けると、炎がそこから立ちあがり、その炎が枯木や雑草、綿などの燃焼性の物体を焼きます。燃え上がる炎から出た煙が天空へと上がり、目には見えなくなります。一方、炎は燃え続けています。

バラ・バジルの花とは神への真の愛の花であり、愛とは真の教えに到達した神の僕の心に落ちた偉大なるアッラーからの愛の炎なのです。つまり、全宇宙を満たして焼きつくす、あのアッラーへの真の愛の炎こそ、真の教えに到達した神の僕の心なのです。

アッラーの愛と人の心に燃え盛る炎の熱さが心を内から熱し、人の心を動かします。この炎のことを、「愛の炎」などと呼びます。

これほどまでに稀な出来事が、偉大なるアッラーが「私の愛、恍惚、魅力は、おまえに向けてのものである」と語り、それに答えて聖人が「我がアッラーよ」と返す、その対話のうちに生起するのです。本章で書いたことは、光の教師たちからの教えです。

第十五章　人間の肉体と神秘のエネルギー

潜在意識こそは隠されている知識の宝庫

人間は、この世の成り立ち、つまり神によって一瞬にして行われた天地創造についての、あらゆる知識を得ている存在です。この世は神の知によって創造されたのであり、神が人類に様々な教えを授けたからこそ、人間は知を有しているのです。

しかも、人間は自身についてはもちろんのこと、他の存在についても熟知しています。さらには、それらについて自らが「知っている」ということも知っています。自身の有する知識に対して意識的なのです。

それでも、いまだ人間の知が及ばない多くの未知なる力が存在します。

超自然界からの声に耳を傾け、魂に語りかけてみましょう。そして、歴史上人間が信じてきたことを参照してみれば、人間が経験してきたあらゆる記憶や出来事は、魂の核の部分に永久保存されており、潜在意識こそは隠されている知識の宝庫である、と信じられてきたことがわかります。

人間が思考を始めた最初の瞬間からこのかた、半信半疑ながらも熱烈に知りたいと願い続けてきた近い過去生についての探索は、多くの理由によりいまだ実現しないままです。

人間は自身の肉体および人生において、説得力と知性を活用することでよい結果に到達することができます。しかし単純に努力するだけ、あるいは頭を賢く使うだけでは、天才になるために十分ではありません。

人間は、五感で認識できない超感覚的認識分野、つまり生前や死後の世界や一般の常識を超えている「向こう側の世界」（規則的でシステマティックな存在でもある）について実証的方法を用いて認識しようとして、いわゆる霊能力を通じて解明しようとしてきました。

そもそも私たちは、霊的超常現象について、あらかじめ知識がない状態ではどんな出来事であろうと知りえないのです。全ての霊的超常現象は、思考や心に関連しているものであり、従って真理についての知識こそが、私たちを霊的超常現象の秘密へと導いてくれるのです。

オカルトの説明としては十分な範囲の研究を網羅《もうら》しているように見える本書での記述内容も、科学的な考え方や方法論からすれば、範疇《はんちゅう》を超えるもの、あるいは説明不可能なものとみなされます。

肉体と魂はセットで一つの完成形

肉体と魂はセットで一つの完成形となります。魂は魂自身のエネルギーを肉体に行きわたらせるための固有の液体を持たないにもかかわらず、これを体内に流すことができます。

人間の磁気は人間の手や目から磁性の肉体を形成するために、極を持って体から放出されます。身体の右側からはプラスのエネルギーとして、左側からはマイナスのエネルギーとして放電されます。

そして、この流体エネルギーは、神経中枢を通じて霊的能力の源泉部分に影響を与え、人間がバランスを保っていられるよう計らい、病気の治癒に役立ちます。

また、引き寄せるパワーも押しのけるパワーも、肉体に対して様々な影響を及ぼします。ただし、以上のような知識は一般的ではないので、科学的分野には含まれませんし、認められることもありません。

知性とはそもそも、「上の世界」によってもたらされた存在について定義できるだけのキャパシティは有していません。「上の世界」とは、単位や重量、形や色からは遠くかけはなれた世界です。物理的な存在のための用語にすぎない、長い、短い、青い、黄色い、丸い、真っすぐ、重い、軽いといった言葉は、「上の世界」では通用しません。単位に依存している私たちの知性が、単位によらないものを理解できるはずもありません。

しかし神は、全ての創造物のために、論理の物差しを用いて道を示すことも忘れませんでした。だから私たちは、宇宙と言われる素晴らしい作品を創造なさった創造主の存在を知りえるのです。

また神は、見事な方法で肉体を管理し、視覚では認識できない核、つまり魂の存在を確認します。そもそも神なる存在に期待されているのもそれなのです。

後述する通り、視床下部と下垂体のそれぞれの腺のおかげでこのようなことが実現可能となるのです。この二つの腺こそが、肉体に何が必要かを調整しているのです。

何事も否定的にならないことが成功のカギ

誰しもが経験するであろう人生の変換期における混乱状態を乗り越えきれないとき、人は弱体化します。人間は、魂と肉体それぞれの持つ良識と、頭脳によってもたらされる集中力やパワーを同時に使うことで、記憶に残るエネルギーの集合体を作り出すことができます。人間は、単に生きて存在するだけでは、十分ではないのです。

人は生まれる前、アストラル界で自分の両親を含め全ての選択をするにあたり、それが正しい選択であることを信じてそれを行います。そして、私たちはアストラル界でそうであるように「生」なるものが単純明快であることを願いながら、これらの選択を行います。

しかし、私たちは他の人たちも両親を選んで生まれてくるということを計算に入れていません。私たちは周囲の全ての人たちのエネルギーとそれぞれの選択とともに生きていく他ないのです。だからこそ、人生は私たち全てにとって困難であり、教訓に満ちているのです。

ゆえにレベルアップのための未来の予想を拡大させ、より複雑化させるために邁進し続けるのです。まずは自分の今現在の行動を明確にし、何事に対しても否定的にならないということを学び、これを経験することが成功のカギです。

人間が大いなる変化のために積極的にならない限り、その遺伝子の存在に気がつくことはありません。そして、それに気づこうが気づくまいが、あなたがこの情報に接した、読んだということは、すなわちあなたは最初の一歩を踏み出したということです。さらに、あなた方のうち何人かはさらなる高尚な目的に奉仕するための準備ができた、ということです。

目覚めの時を迎えたその人が、最初の一歩をいつ踏み出し、最初の活動をいつ行うべきかという情報は、その人の持つ意識のうち高レベルな部分が察知します。そして最初の活性化をいつ開始すべきかについての情報は今後授けられるでしょう。

知性のおかげで私たちは魂をコントロールしてこれを肉体に承認させるキャパシティーを広げることができます。それによって人間という存在のエネルギー、つまり魂を説得し承認させられるよう、人生の組織に損害を与えることなく浄罪作業を行い、活性化が続けられます。

知性とは、肉体に付随する魂よりも、他のどのような存在よりも優れているのです。

視床下部は人間の身体機能を安定させる重要な役割を担う

人間は驚異的な物事を成し遂げることができるキャパシティーを持っています。人間の肉体のあらゆる動きをコントロールしているのは、脳でもなければ、あるいは神秘のエネルギーのなせる業でもありません。

私たちの肉体をコントロールしているのは、脳のすぐ下の部分に位置する、トルコ語では俗に「新芽」と言われるどんぐり程度の大きさの視床下部です。脳の感覚中枢を含む、全身体の情報がこの視床下部に集まってきます。

視床下部は集まってくる情報を分析し、必要な措置を施し、身体各所に対しどのような変化が必要かを決め、それら決定事項が今度は下垂体へと伝達されます。

下垂体は体温や血圧といった様々な情報を計り、その結果を「専用のコンピューター」である視床下部に送ります。視床下部はホルモンシステムを統括している場所で、人間の身体機能を安定させるための、重要な役割を担っています。

視床下部は毎秒、毎分脳や体の深部から届けられる各種メッセージを判断しています。その後体温を一定に保ったり、血圧を調整したり、水分バランスを整えたり、睡眠行動を調整するなど、多くの働きを担っています。

視床下部のもう一つの重要な特徴は、身体のその他のコントロールシステムである神経システムとホルモンの橋渡し役を行うことです。

さて、この視床下部の支配力を支えるため大変重要な役割を果たす補佐官が存在します。視床下部が下す様々な決定事項を身体各所に伝達できるのは、この補佐官のおかげなのです。

例えば、血圧が下がると最初に身体の情報系統が動きだし、血圧の低下を視床下部に伝えてくれます。視床下部は血圧を上げるためにどのような措置をとるべきかを判断します。そして、その結果を補佐官に伝えます。このようなシステムは、神によってコンピューターのごとく肉体に設置されたのです。

視床下部の補佐官は、この決定事項を適応せんとして、必要な身体の各器官の細胞に命令を下します。このとき、各細胞がそれと理解できる「言語」でこれらのメッセージを書き、かつこれらのメッセージを瞬時に送信します。メッセージを受け取った細胞は、送られた命令に従順で、血圧を上げるために必要な措置をとります。

視床下部の補佐官の正体は、ホルモンシステムに対して大きな影響力を持つ下垂体です。視床下部と下垂体は互いに絶妙な情報網を有しています。この二つの小さな肉片が、あたかも二人の意識を持った人間のごとく、情報交換を行うのです。

肉体を守るメカニズムは生まれながらに備わっている

視床下部は下垂体に対し、絶対的な支配力を持っています。下垂体は重要な数々のホルモンを視床下部の監督のもと分泌します。下垂体の大きさは極めて小さく、ほんの大豆大で、これは一つの嚢によって脳と物理的に繋がれています。

例えば、身体におけるこの絶妙なバランスを人工的に作り出すことを仮定してみましょう。まず、人間の肉体の様々な箇所に精密な体温計を設置し、血管内には血液の濃度を測る特別機器を設置し、血管の表面には血圧測定器、細胞の動作速度を調節する極小研究室を設置しなければなりません。

さらに、身体のあちらこちらに設置されたこれら数千のミクロ機器から送られてくる情報を、高度なコンピューターに送信し、毎秒毎に情報分析を行わなければなりません。情報分析は一台のコンピューターではまかないきれません。なぜなら、分析結果を元にどのような措置が必要か、対策を練らなければなりませんし、必要措置の適応のためには、どの細胞に、どのように命令を送るかをはじき出さなければなりません。

現在私たちの持っている技術では、人間の肉体の奥深くに数千の体温計だの、極小研究室だの、血圧計だのを設置することは不可能です。このような完璧に設計されたシステムを人間の肉体内に創造するなどということは、生まれながらにして神から授けられるほかないのです。

エネルギーについて何らかの考察を行おうとするなら、まずその人は自分の身体を知るべきです。

神秘学における肉体のコントロールと言われるものには、ある意味が存在します。私たちの肉体には、自分自身を守るための十分なメカニズムが生まれながらにして備わっています。

重要なのは、このメカニズムの働きを妨害することなく、メカニズムを支える方法を発展させ、肉体を知り、正しい教えに従って物事を進めていくということです。

体内に眠っているエネルギーを覚せいさせる

視床下部と下垂体は、アストラル界の教えによれば、肉体の「総人生計画」設計図です。

第一の魂…「物理的存在の魂」
第二の魂…「生かしの魂」
第三の魂…「移動する魂」（不死の魂）

というように、人間存在の根幹をなす部分である視床下部と下垂体は様々な衣服を身にまとうかのように、その魂のレベルに応じて様々な肉体に姿を変えては任務を遂行し、そして、過去生についての情報や経験を、母親の胎内にいるときに生まれる前の時点で胎児にコピーします。

魂の移動が行われると、同じ任務を遂行するために新たな肉体に旧肉体の情報が第三の魂とともにコピーされます。肉体の灰色をした各細胞内に全ての過去生についての原始的かつ基本的な情報が蓄えられています。

この知識は、潜在意識がオープンで、魂レベルの高いアストラル界の光の教師たち、あるいはガイド役から教えを受けている人だけが理解できる分野です。

この極めて小さな二つの腺にとって、外部のエネルギーを肉体内に引き寄せることも重要な役割の一つです。

例えば、太陽の白いエネルギーを肉体内に取り入れる際、それとは別にこの世に存在する三十五万の様々なエネルギーを肉体内に取り入れることができるのは、この小さな二つの腺の細胞のおかげなのです。

また、体内に眠っているエネルギーを覚せいさせることができるのもまた、この二つの腺のおかげです。

神への信仰心なくして非霊的リアリズムはありえない

オカルトについて学ぼうとするなら、まずは魂の操縦メカニズムについて意識的になって知識を深める必要があります。レベルに応じて学びの順序や何ができるかなどを考慮し、しかるのちに、魂の操縦メカニズムについての教育を受けていきます。

物理的世界の成り立ちや秩序の中に、霊的世界のそれも含まれています。

その時には、最も小さな生き物から、最も複雑なシステムに至るまで、あらゆる存在の真実であり絶対的な存在である神の能力が存在することを感じることでしょう。このようにして、人間の生体に生起する感覚を決定したり理解する才能というものが生じるのです。

全自然界には、唯一かつ真なる本質が存在します。知性の役割とはその本質の必要とするものを見つけ、それを具現化し完全にすることです。

人間はこの世にやって来ると、これまでの過去生でやり残したことを成し遂げようとします。

人は、運命に翻弄されるだけの存在ではありません。

人は、自分の運命を自分で作り上げなければならないのと同時に、生前アストラル界で選びとった自分の人生を甘受しなければなりません。自分の運命に逆らうのは良いこととは言えません。

魂の進化に合わせて、感情のキャパシティーも以前のものとは比べられないほどに大きくなります。レベルの高い魂の感情エリアは、以前のものと比べて断然存在感が増します。

経験が増せば、見聞も広まります。

そして、魂の能力に応じて真実も変化します。

魂は、進化の程度に見合うだけの真実を手にするものです。だから、人間が容易に真実について言及することなど適わないのです。

絶対なる真実は、創造主にのみ許されています。神への信仰心なくして、非物質的かつ非霊的リアリズムなどありえません。

アカシックレコードの読解に視覚や脳の機能は必要ない

エネルギーを高めるための練習は、夜行うとよいでしょう。肉体の各細胞が最良の形でエネルギーを更新し、免疫システムを整えるホルモン分泌には夜の静寂と暗闇が必要だからです。

また、夜のほうが肉体の記憶力や注意力が増します。エネルギーを高めるための練習においては、その人の魂レベルが十分でないと、注意散漫となり眠気に襲われます。こうなってしまうと、レッスン自体が中途半端になってしまいます。

脳が十分なレベルで肉体に成長ホルモンや食欲増進ホルモンを分泌させることができるのは、夜の暗闇の中です。視床下部は下垂体にメッセージを送り、小さな細胞たちは活性化に向けて肉体を柔軟にします。目から光を入れないことが大切なのです。光のない環境で食欲増進ホルモンの分泌が行われるのは、人にとって大変有益なことなのです。

古代の専門家たちは、盲人の子どもたちこそ、アカシックレコードを見たり読んだりする適任者であることを発見し、レベルの高い盲人の子どもたちにレッスンして知識を与え、相当のレベルまで引き上げることに成功しました。

また、魂の移動も盲人の子どもたちにきちんと教えこむと、よりよい結果が得られることがわかっていました。

古代アトランティスの実験センターにも、盲人の専門家たちが勤務していました。それは、盲人のほうが健常者に比べて視床下部から下垂体に送られるホルモン情報が高度であることや、盲人の癌および様々な死の病と称される病気の罹患率が低いことから、好んで雇用されていたのです。

また、教育を受けた盲人の子どもたちは魂の移動をスムーズに行うことができ、行った先の情報の記憶能力にも優れ、見てきたことを忘れることがないからです。健常者には夜にしか分泌されないホルモンが、盲人の場合だと一日中分泌されます。これもまた、神が人間にもたらした、価値の一つです。

アカシックレコードの読解には、視覚を始め脳の機能は必要ありません。脳は単に肉体に電力のようなエネルギーを供給するだけです。

原子という存在は、どれだけ完璧に配列されていたとしても、知識を得る力はありません。脳というのは、結局のところ知識も意識も持たない原子から成り立っているにすぎません。

脳は、知識を存続させるためのエネルギーを流したり記録させたりしますが、この作業を無意識に行っています。いわば、コンピューターのディスクのようなものです。脳は、「魂」と名付けられた存在の命令遂行者、一種の道具にすぎません。

何かを得るには常に自分を進化させ続ける必要がある

アカシックレコードを読む主体は人の肉体です。私たちの肉体は、全てを感じることができます。目が開いているかどうかは重要なことではありません。

大変残念なことに、人は視覚、すなわち脳によって対象を見ていると主張している書物があります。神秘学の世界では、見る役割を担うのは肉体です。肉体の瞑想についての知識があれば、肉体を自分で調整し内なる神秘の進化のエネルギーを動かして、瞑想状態に入ることができます。

このとき、瞑想の場所や状況が大変重要であるのと同時に、肉体にどの知識を与え、どのように瞑想を行わせるかも重要となります。

人間が持つ自然の力が増せば増すほど、魂的な掌握力の視点が拡大し、あるいは自分の行っている行為に意識的になることができます。

肉体は、夜十一時から翌午前三時までの間の暗い間にホルモンが分泌され、肉体を保護するメカニズムを強化させます。

睡眠とはすなわち、休息と再生の時です。虚弱体質の人はこの時間帯に睡眠を取るとよいでしょう。午前三時から午前五時の間は肉体の柔軟化にとっては最適な時間帯です。ただし、神への信仰心に基づく祈りを捧げることが条件です。

また、次のことを忘れないでおいていただきたいのですが、何かを得ようとするなら、常に自分を変化させ、なおかつ進化させ続ける必要があるということです。良きヒーラーとなるために、あるいはよりよく自分を発展させるために、上述の時間帯は適しています。

潜在的な力は進化のレベルによって目覚めさせられる

アカシックレコードの読解レッスンを新たに行おうとする人のために、あるいはよりレベルアップを図るために、二人で一緒にアカシックレコードの読解を行うことも有効です。

ただしその場合二人のうちの一人はプロ級である必要があります。適した時間帯は午前三時から五時で、暗いうちに行うのが適当です。

アカシックレコードで見えるのは、未来に何が起こるかではなく、すでに過去に起きた出来事です。

クンダリーニとは、肉体が睡眠状態にあるときに脊椎に存在するダイナミックで潜在的な想像力、あるいはエネルギーのことです。人間の肉体に存在する、神秘的な進化のエネルギーです。

クンダリーニとは、蛇のように脊椎の周りに巻きついており、人間というシステムが目覚めていないときは動きのない潜在的な力として存在し、その人の進化のレベルによって目覚めさせられる、一種のエネルギーのことです。

クンダリーニのレッスンを行うなら、肉体が柔軟になっている夜、あるいは午前三時から五時の間に行うのが適当です。また、静寂と暗闇というのも大切な要素です。

自分の持っているエネルギーと正面を向きあって相対することで、肉体の持つ宇宙的エネルギーとの繋がることができます。

また、アカシックレコードは二人で同時に見ることもできますが、前述の通り、その場合は必ずうち一人はアカシックレコードの「読み」に長けた者でなければなりません。

魂のレベルが上がっていけば、指導者と出会い、指導者から教えを受けることができるようになりますが、それにはそれなりの知識を身につけておくことが必須です。

人間は、やりたいと思ったことは、必ず成し遂げると信じるところから始めなければなりません。そうするならば、知識はパンや水のごとく吸収され、知識の吸収に必要なものと必ずや出会えるものなのです。

ときに大変時間がかかることもあり、指導者からの助けが遅々としてやってこないと思えることもあるかもしれません。そんなときは、指導者からの手助けというのも、あなたのレベルと必要性に応じてもたらされるものだということを思い出してください。

神は、自分を愛し信じる者のことを決して忘れません。

特に、その人が全身全霊で何かに打ち込んでいるならなおさらです。

光の教師たちは人間にとっての指導者

神秘家が睡眠や食事にあまり重点を置かずに生きていられるのは、魂と肉体を視床下部と下垂体に委ねてコントロールを可能にする才能に恵まれていると同時に、自分自身や肉体自身にとって必要なものについての情報を、神への信仰心によってメッセージとして取り込むことができるからです。

視床下部が良好な状態を保っていられて、なおかつ私たちの想像力が十分にあれば、セックスに対しても意欲的でいられます。

もし私たちの想像力がお金に対してのみ働くのであればケチくさい人生を送ることでしょう。

もしあなたが天才になりたいのなら、そしてオカルト世界について興味があるのなら、この小さな豆粒ほどの二つの肉片にすぎないように見える視床下部と下垂体について知ること、そして神的パワーと二つの肉片がどのように私たちの肉体をコントロールし、またこの二つの肉片のおかげで外部のエネルギーと内部のエネルギーがどのように進化しているかを理解することは、大変有益となるでしょう。

残念ながら、私たちの生きる世界には、嘘に塗り固められた、数多くの理解不能な種類のエネルギーが放出されるようになってしまいました。

これらのエネルギーがどこからどのようにして現れたのかがわかれば、人間の本質的エネルギーから遠ざけたり、あるいはそれらのエネルギーを消滅させることも可能となるでしょう。

教養の高い魂と肉体、知性を起源とする情熱とパワーを用いて、正しい知識と忘れえぬエネルギー、そして様々なイマジネーションを合体させ、視床下部と下垂体のコントロールに委ねて神のメッセージを送れば、多くの場合人間は創造的になることができます。

ただし、まずもって神なる存在への感謝があってこそです。これは、宇宙の法則と言われるもので、常に姿を現すことはないけれど、ごく高いレベルの指導者がおり、その指導者がその人のために力を貸してくれるからです。

光の教師たちは、人間にとっての指導者です。人類にとっての最大のエネルギーは、神への信仰心によってもたらされるものであり、それを得るには神を信じ神に祈りを捧げるだけで十分なのです。

神への信仰心がある人には、前述したように、第三の魂という思考の始点にあたる魂が、そのコントロールとパワーを様々な局面において必要に応じて使い分け、宇宙のエネルギーをその人の肉体が吸収できるよう、脳へメッセージを送ってくるのです。

第三の魂が支配的なコントロール力を持っているおかげで、この世の法や、様々な必要性に応じて好きな時に好きなように人間を生かすことができるということを、忘れないでおきたいものです。肉体の内部と外部に神によって創造され構築されたシステムを最もうまく操作するのもまた、第三の魂なのです。

人間を成長させ勇敢さを磨くに必要なのは集中力

肉体は、「中央受信システム」としての働きを行います。肉体という中央受信システムには肉体活動の健康を保ち、体力と柔軟性を増加させる役割があります。しかし、人間もまた自然のエネルギーの一部を成しており、故に、寒さや暑さ、湿気や乾燥といった気候条件やその他のエネルギーから直接的に影響を受けています。

この、外部から否応なしに受けてしまう各種エネルギーと、エネルギーの塊である私たちの肉体自身は、相互作用が働き調和を保つことができます。

人はそれぞれ異なるエネルギー的環境にさらされているので、一口に「調和」といってもそれぞれに差異があります。各種エネルギーを瞑想によって試す人もいます。

エネルギーもしくは瞑想のためには、まずは肉体の柔軟化が欠かせません。神なる存在への祈りを怠らず、私がここで書いていることと、あなた自身の新しい知識を合体させれば、肉体の柔軟化をより簡単に行うことができるでしょう。

肉体に柔軟性を持たせているのは、視床下部と下垂体の中のごくごく小さな細胞たちです。それらは、体全体にメッセージを送り、内外のエネルギーを最適な形で使えるようにしてくれています。

また、体に送られてくる様々な危険信号を選り分けるフィルター的役割も果たしていますし、臭覚を除く五感（四感になりますが）で感じる危険信号を繋ぐ役割があります。送られてくる危険信号に基づき、危険を減少させたり、体を強化したり、体には伝えないと判断したりする機能もあります。

重要度の低い警告についてはその警告度を弱め、逆に重要な警告の場合はその度合いを強めます。この機能のおかげで私たちは集中力を保っていられるのです。そもそも、人間を成長させ、勇敢さを必要とする作業に絶対的に必要となるのは集中力なのです。

つまるところ、自身の役割を知ること、自発的な行動、言語行為、結果を出すこと、認識力、認識システムのコントロールなどにおいて、この二つの腺が活躍するわけです。

また、活動中であれ休息中であれ、肉体内部の化学変化や消費エネルギー、肉体の表面にかかる負荷を調整するのもこの二つの腺なのです。

感覚と体内諸器官の機能は、直感的な様々な影響を受けつつ、人間の考え方や肉体的構造に応じて創造されていくものなのです。

二つの腺は、人間が行う活動がその人の期待通りの成果を得られるよう調整します。肉体のあらゆる場所から思考と同じスピードで届けられる警告に対して猛スピードでバランスをとり、人間の欲する動きを確保するための重要な役割を果たします。その意味で、この二つの腺は人間のレベルアップにおいて大変大きな役割を演じるのです。

また、中枢神経系外にある各種神経細胞は、各器官を警告するにあたりそれぞれ該当する部分に指令を送ります。

すると、体温が上昇する仕組みになっています。

人体構造に関わる肉体的エネルギーの制御、混合、転送などに役立つ多方面に渡る神秘のエネルギーは、このようにして人間の望む通りの動きを確保するために重要な役割を果たしています。

進化の過程と進化の知　─進化に奉仕する─

進化の目的は、それぞれの存在の意識化と知識化

ある法則に基づいて引き起こされる変化は（一般的に継続的かつ徐々に行われる変化）、その主体の進化と成長をもたらすのが常です。

肉体に付随する魂にとっての唯一にして最大の目的は、進化に奉仕することです。いつ進化し、その進化がいつ終わったのかは、人智の及ぶものではありません。

始まりと終わりがあらかじめ決まっている出来事についての知識を人間が有するということはありません。絶対的な知識は神にのみ属するものです。

進化の目的は、それぞれの存在の意識化と知識化です。どんな物理的な環境も、すべて進化のための土壌であり、そこで生きることによって、人は意識と知識を増やします。なぜなら、魂の物質世界への出入りは、物質世界についての知識を得てそれを実際に試してみてから初めて可能となります。

物質世界の知識や意識を持つということは、私たち人間にとって最も大切な進化のポイントですが、創造主である神にとってそれは無に等しいものです。あらゆる生命体は、「これが自分キャパシ

ティの限界だ」と信じるところまでのものを手に入れることができます。なぜなら、あらゆる生命体にとっての進歩とは、物質世界に特有の時間概念――それより以前というのが存在しないという概念――が存在しない原始からはじまり、さらにそれが永遠の未来へと続く状態を指すのですから。

魂にとっての物質世界である肉体は、私たちの進化の状態に応じて必要な良識を身につけます。「魂と肉体の良識」と私が呼ぶのはそのことです。

実際、知識を持たず良識を身につけるに至らない肉体は、どんな努力を重ねようとも結果を得ることはできませんし、そもそも進化を始めることすら危ういでしょう。

エネルギーのレッスンのための第一歩を踏み出すにあたり、私たちは自分たちの肉体を知ると同時に、魂についての知識も身につけなければなりません。

レッスンのための第一歩は、手の動きとスピーチ、つまり祈り（あるいはヨガのレッスン）によって、進化を目指すことから始まります。そうすることで、エネルギーの力が筋肉の管理下に入ります。

私たちが普段無意識に行っている活動、例えば呼吸をしたり、何事かに反射的に動いたりする活動をもたらしているのも、視床下部と下垂体です。

通常人間が持っているそれぞれの力、諸条件、諸要素の一つ一つ全てが警告を与えると、視床下部と下垂体が脳に最初のメッセージを送るのです。

筋肉がどう反応すべきかのメッセージが、この二つの腺、すなわち視床下部と下垂体を通じて脳に送られるのです。このメッセージを受け取った脳は、筋肉に対する指令を視床下部と下垂体を通じて必要な形で送る、というわけです。

潜在意識がオープンになると人間は多くのことが記憶できる

古代人は宗教や宇宙、物質世界の創造の理由と創造主が誰かについての知識を持っていました。子どもたちは飛び級をするがごとく知識をどんどん吸収し、自分と自分の過去について、多くの事実を発見しえたのです。

だからこそ、選択さえ誤らなければ、古代人は地球にとって有益な存在となりえたのです。知識の習得とは意欲的に取り組めばよいのであり、物理的な条件とは関係がありません。

魂に由来するこの二つの腺こそが真の管理者であることを、古代人は見抜いていました。選ぶ、決める、分ける、欲する、拒むといった動作も、人間の持っている知識も、人間の知性が発見した物事も、魂と肉体に備わっている良識も、肉の塊のようにも見える人間の肉体の記憶の倉庫も、全ては潜在意識、つまり視床下部と下垂体のコントロールの成せる技なのです。

第三の肉体であるアストラル体（スピリチュアル体＝不死の魂）には、人のこれまでの過去生についての情報が詰め込まれています。

この二つの腺の中の小さな細胞たちのおかげで、私たちの潜在意識が開かれ、過去生についての情報を得ることができるのです。

この二つの腺は肉体を柔軟にし、進化の位が高い人に対してアストラル体を使って各器官がきちんと働くよう管理し、肉体をスムーズにしながら潜在意識が開くのを助けます。アストラル界において私たちの灰色の細胞に複写された情報は、視床下部と下垂体という小さな二つの腺の細胞に集められ、アストラル体（スピリチュアル体）を通じて感じたり見たりすることができるようになります。

古代世界では選ばれた子どもたちとアストラル界から選ばれた人たちは、最も完璧な器官であるコントロールの中核を担うこの二つの腺を、人生を変えるにあたり最良の形で利用していました。「隠された知識」と私たちが呼ぶところの知識とは、これのことに違いありません。なぜ私たちは、誰もが全てを知っているわけではないのでしょう？　まず、全てを知った人間の記憶はショートします。

全てを知ると同時に潜在意識がオープンになれば、人間は実に多くのことを記憶することができます。

視床下部と下垂体こそ神秘的なエネルギーのパワーの源

人間の頭脳が十分論理的になるのは中年になってからと言われています。全存在についての学問的な知識探求や、知識の根幹を成す原理を理解するには、あらゆる時代を通じて、年齢と共に可能となると信じられています。

私たちが全現実と呼ぶところのものは、人間の体や人生に関する様々な現象の原因、基本原理、現実化が待たれる様々な計画、達成が期待される物事、最終目標の観点から調査目的を持った思想活動、自分自身とその肉体を知ること、そしてその知りえた知識、以上のものから成り立っています。論理は、知識や概念や信仰、理論などを解いたり批判したりする場合に、相手の弱点を探る思考方法を養ってくれますし、誰かにとっての個人的な行動や思考のガイド役になるときに役に立つようなトータル的な視野を広げてくれます。

一般的に論理とは、倫理学、美学、形而上学、認識論などの分野からなる広義の学問分野において(神への信仰心と指導者としての光の教師たちの存在のおかげで)、存在の実存性、意味、理由に関する自分自身と周囲の自然界で探求していた問いを表面化させ、理解しようと努めるためのものです。

かつては宗教や神話が回答を与えてくれたこれらの問いが、批判的思考と観察の対象となったとき、人の知性、魂、肉体が一体化して魂が変貌を遂げると、魂のレベルが上がります。

こうして人は多くの物事を自分で知り、知識を応用できるようになります。年齢制限はありません。若さを備えているとか年齢を重ねていることは、絶対条件ではありません。魂と肉体が一体化したものの良識の在りようが重要なのです。

クンダリーニのエネルギーとは、男女いずれも同じ場所にあり、肉体が睡眠状態にある時の脊椎の空洞あるいはその周辺を二匹の蛇のような形でとりまいています。クンダリーニのエネルギーとは、人間の肉体に存在する、神秘的な瞬間的エネルギーです。

クンダリーニは、覚せいしていない、非アクティブな潜在力として人間システム中に存在していいます。脳の活性化と集中力強化において、大変重要な役割を果たします。

このエネルギーを作り出しているのは、視床下部と下垂体に他なりません。この二つの小さな腺こそ、神が私たちの肉体に作り出したもうた、最も重要な器官なのです。神秘的なエネルギーのパワーの源なのです。

古代、蛇は健康、幸運、ヒーリング、健康などの意味を持つ

美術史の伝えるところによれば、蛇というモチーフを医療のシンボルとして最初に使用したのは、シュメール人なのだそうです。

シュメール人が崇拝した神々の中に、「生命の木の裁判官」という意味である、「ニンギシュジダ」なる神がいました。この神のシンボルは、木に巻き付いたオスとメスの二匹の蛇です。木の棒は生命の木、つまり生命を、蛇のほうは若さを現しているこのモチーフは、数千年もの間、様々な地域で棒のみ、あるいは棒に巻きつく蛇、あるいは互いに巻きつく蛇として、守護者や治療のシンボルとして、絵画やレリーフに使われてきました。

ギリシア神話に登場する医学の守護神アスクレピオスの、蛇がまきついた杖のモチーフからこのかた、医学の象徴となりました。蛇から解毒剤が抽出されたことから、特に古代において蛇は、健康、幸運、ヒーリング、健康などの意味を担っていました。

そもそも、数千年前に描かれた神のシンボルである木に巻き付いたオスとメスの二匹の蛇というのは、私たちの脊椎の中の空間を満たす、神秘のエネルギーのその姿形によく似ています。古代人が知りえた知識に、私たちはいまだ到達しえていないので、絵画や各種モチーフを双方向から理解するには至らないのです。

私たちの肉体は、生理化学的エネルギーから栄養を摂取しています。栄養という科学エネルギーには、誰もが知っている通り、有機的なものと無機的なものとがあります。それぞれ役割に応じて、エネルギーを与えるもの、修復機能のあるもの、調整機能のあるものなどが、炭水化物、油分、タンパク質などの食物として摂取されます。

各細胞は、必要がない限りはタンパク質をエネルギー源とはしません。それは、タンパク質の基本的役割は生体構造と結びつくことであり、ほとんどの場合タンパク質の構造である有機物質としての役割を果たしているからです。

活性化エネルギーは、化学反応を起こすために必要最低限のエネルギーの単位です。例えば、脳を奪われた動物がいくつかの機能を骨髄だけで果たすことができるでしょうか?

(一)動物は二足直立が可能であり、防衛のためなら足と腕の筋肉を動かすことができる。
(二)歩行あるいはギャロップすることができる。
(三)かゆみ反応を示すことができる。
(四)直腸と膀胱を空にすることができる
(五)体感温度の変化に伴い、血流を調節できる。

とはいえ、これらは一過性のものであり、肉体のエネルギーシステムは、視床下部と下垂体に脳から送られる生命エネルギーが一定期間送られないと、バランスが崩れて人は死んでしまいます。

第十六章　ヒーラー

ヒーラーはクライアントに直接手で触れてはならない

現実世界と超現実世界を魂の世界から同時に見ることができ、深い関心を持って見極め、自然界に存在する様々な創造主のもたらしたもうた秘密を感知することができる選ばれた人々は、よきヒーラーとなれるでしょう。

指導者たちや光の教師たちと魂の上での連結を築き、その上で通信を行うことができれば、敏感かつ特別な才能に恵まれているヒーラーなら、直接的に対象を動かす能力すら持っています。

また、指導者たちや光の教師たちからの指導のもと、同時に無数の人々を癒すこともできます。

霊的ヒーリング技術において、ヒーラーはクライアントに直接手で触れてはなりません。

クライアントが生身の人間である場合、あるいは不適切なエネルギーを持っている場合、その原因を探ってそれを表面化させ、その原因を根絶させてバランスを取り戻す必要があります。

ヒーリングのエネルギーをどれだけクライアントに与えられるかは、神のコントロールのもと行われる神との協力の程度や、神への意識の高さ、神へどれだけ自分を預けているかによって変化します。

また、私たちの内部に存在し常に流れているヒーリングエネルギーは、霊的なエネルギーに対してオープンであり、受け入れ体制が整っている人の方へと流れて行きます。

ヒーラーはヒーリングを行う際、単にクライアントに癒しを与えるだけではなく、自分自身もまた神的エネルギーによって魂も知識も豊かにしてもらっているのです。

ネガティブなエネルギーをポジティブに変容する能力を持つ

前章にも書いたことですが、大切なことなので、ここでも触れておきたいと思います。肉体と魂はセットとなってはじめて一つの完成形となります。

魂は、そのエネルギーを肉体に行きわたらせるための固有の液体を持たないにも拘らず、体内にエネルギーを流すことができます。人間が帯びる磁気は、人間の手や目から磁性の肉体を形成するために、極を持って体から放出されます。

身体の右側からはプラスのエネルギーとして、左側からはマイナスのエネルギーとして放電されます。

そして、この流体エネルギーは、神経中枢を通じて霊的能力の源泉部分に影響を与え、人間がバランスを保っていられるよう計らい、病気の治癒に役立ちます。

また、引き寄せるパワーも押しのけるパワーも、肉体に対して様々な影響を及ぼします。

ヒーラーは独自の健康観を持っています。まず、ヒーラーというのは、万人が見るようにしてクライアントを見ませんし、病気と健康を別々のものとも捉えていません。同様に、生と死を分けることも、それぞれを異なる現象とも見なしていません。

ヒーラーは、生と死を程度の違いによって分けられる二極状態として捉えています。ヒーラーというのは、ネガティブの極からもらってしまったエネルギーによって病気になってしまったクライアントを、今度はポジティブの極からエネルギーをもらいうけることで健康にする人のことであり、なおかついかなる外部の助けも借りずにそれを成しうる人のことなのです。

ヒーラーは、魂が与えてくれる自然な状態や行動そしていわゆる直感によって、癒される必要のある真の対象に起こっている事に対しての明確な情報や、奥深いところに存在するエネルギーの明確で根源的な真実に到達することができます。

優れたヒーラーは、ネガティブなエネルギーをポジティブなエネルギーに変容させる才能を持ち合せています。それは、病気だけではなく、人生全般における生活全ての場面を含みます。

明確な意図のもと習得された技術とともに神の力を信じることで、ヒーリング技術は最高潮に達します。

ヒーリングとは理論であり、またシステマティックに起きる多くの出来事を解明し、知識という基盤の上に築かれた規則や法則を含む総体のことです。

またヒーリングとは、ポジティブとネガティブの間で様々に変容する関係を簡潔かつ理解可能な形で表現することを目的とする、一体化された定義、組織化された観察、様々な条件や基本原理の総体のことでもあります。

ヒーリングの種類

遠隔的ヒーリング

このヒーリング方法は、ヒーラーのヒーリング行為へどれだけ自分を捧げているかということと同時に、ヒーラーのメンタリティの強さにも関係してきます。

ヒーラーとクライアントとの間の距離が近かろうと遠かろうと、思考を送りこまなければならないし、またそれが可能なのです。それは、ヒーラーが本物のヒーリングを行うときは、ヒーリング光線を送ることができるからです。

遠隔的ヒーリングでは、色とりどりの布地や紙を用いて行うこともできます。つまり、色を利用するということです。このやり方を完璧に行うことができれば、ヒーラーは自分の意識をクライアントの肉体の中に送り込むことができ、病原そのものに働きかけることが可能となります。

ヒーラーがより深いレベルの意識を保ったままヒーリングを行うことができれば、クライアントの肉体中のポジティブエネルギー光線が動き出します。さらに、ヒーラー独自の言語能力に負うところの大きい、神への祈りによってヒーラーの行ったヒーリング行為が神に受け入れられると、ヒーラーは創造的な才能を存分に発揮することができるのです。

ハンドヒーリング

ハンドヒーリングを行う際、ヒーラーは振動（つまり目には見えないほどの小さな波のような動き）を利用します。ハンドヒーリングとは、ヒーラーが自らをクライアントその人に置き換えてみることで、クライアントの気持ちや考えを正しく理解し、治療していくことを目指しています。

このように定義してみるとごく簡単なことのように聞こえますが、実はその背後にはとても理論的な要素が含まれており、ハンドヒーリングの手法でクライアントに到達するのにとても時間がかかってしまうのはそのせいだと思います。

ハンドヒーリングに必要なのは、ヒーラー自身の熟練性、瞑想状態、神への信仰心、そしてヒーラー自身の肉体に霊的エネルギーを十分に蓄えることです。なぜそれが必要かというと、ヒーラー自身の肉体に十分なエネルギーがあればあるほど、その分相手にヒーリングエネルギーを与えられることができるからです。

また、正しい呼吸法が必要不可欠となりますが、蓄えられたエネルギーは肉体を完全に柔軟にしてくれます。正しい呼吸法によって、振動の波をクライアントの振動と一つにして、クライアントにヒーリングエネルギーを流すことができるのです。

ヒーラーは、クライアントと同一の思考の形を持つことで、ヒーラー自身から派生する最初のヒーリングエネルギーを、その原理とエネルギーの諸要素と共に、クライアントに感じさせなければなりません。これに成功すれば、ヒーラーとクライアントのエネルギーは完全に同一化し始めます。

あらゆる観点から互いのエネルギーが同等になった時、ヒーラーから出るポジティブエネルギーが、クライアントのネガティブエネルギーを消滅させてクライアントを変容させます。このヒーリングが継続的に同じレベルで行われれば、クライアントは健康をとりもどすでしょう。

クライアントと一体化できるヒーラーこそが、良いヒーラーです。

子どもによるヒーリング

これはとても古くから行われている方法で、伝統的な手法と言えます。

クライアントが、孤児院、もしくは宗教教育を受けている子どもたちが暮らす団体などを援助します。援助をしてくれたクライアントのために、祈りがささげられます（もちろん、神への祈りです）。

仕事、健康、家族、私生活における全てについて、そのクライアントのために祈りが捧げられます。子どもたちの穢れなき有りようと信仰心は神的であり、大変なパワーと影響力を持っています。

「子どもによるヒーリング」というのは、これをヒーリングとして活用するという方法です。

お守りによるヒーリング

お守りというのは、本来「コピー」という意味があり、何らかの形、文章、描かれたものなどと同じものをコピーして作るということです。

お守りの存在は、イスラーム文化において大変広く伝わっており、また古くからの宗教にも存在していました。お守りというのは、よく知られているように、名もなき宗教家たちが『クルアーン（コーラン）』の章句に、あれこれヒーリング用に手を加えて加工したもののことです。

お守りに書かれている文句に備わる賛辞のおかげで、アッラーが私たちを精霊たちから守ってくれています。お守りの種類によって、時間帯やお守りに書かれる内容もそれぞれに異なってきます。当然ながら、誰が書いてもお守りの効果が同じだとは限りません。お守りの文句が書かれた時間帯、内容、書き手、この三要素が大切になってきます。書き手が誰かによっては大変な威力を発揮するお守りもあります。

また、お守りを書くときに使用されるインクの種類もとても重要です。

善のためのお守りといえば、呪いを解くためのものと、邪悪な視線から身を守るためのものがあります。専門家が思考錯誤して様々なバリエーションでもって暗号化したものや、それとは別に『クルアーン（コーラン）』の章句から引用したものをお守りに書き込み、邪悪な視線や呪いの効果を無力化させます。

お守りは、ムスク・アンバーとサフランを混ぜ合わせてできたインク、あるいはバラ水にサフランを溶かしたもので書かれたものでなければなりません。

今のご時世だと、パソコンのソフトでデザインしたカラフルな文字を、ムスク・アンバーとバラ水にサフランを溶かした液体に漬け込んで、それを乾燥させたものをナイロンで包んだりしますが、特定の動物の革を利用したお守りはずっと効果的です。

悪から身を守るためのお守り、つまりおまじないのためのお守りはそれ専用のフレーズがあります。インクは、市販のインクでいいのですが、それぞれの目的に応じて色を変えます。でも、この場合は決してサフランのインクは使用してはいけません。サフランのインクだと効き目がありません。

要するに、誰でもお守りの文句を書けるわけではない、ということです。書いたところで、願いは叶えられません。ヒーリングにおいて、ヒーラーのエネルギーの大きさは致命的に大切だということです。

自然界で現在も生存する数種類の動物は、私たちが神に願いを捧げたときに、より早くその願いが聞き届けられるためのヒーリング的役割を果たしてくれることがあります。通常、死んだ動物が選ばれ、生きた動物が使われることはありません。この方法は大変効果的でパワフルなものです。

霊的ヒーリングにおいて、ヒーラーがクライアントの身体に触れることは決してありませんし、適当でもありません。

私は、上記の全てのヒーリングを行うだけの能力発揮をアッラーより許されています。

第十七章　オーラとは何か

人間の魂や知性の発達状態と連携して色を変化させる

人間とは宇宙そのものです。

宇宙に存在する全てが人間の肉体に酷似しているということについては、第十五章「子どもはどのようにして生まれるか」で明らかにしてきました。

人間のオーラもまた、私たちが生きるこの惑星の磁力に関係しています。例えば、空はどうして青く見えるのでしょう？　よく知られているように、白く見える太陽の光は、実際には紫、青、緑、黄色、オレンジ、赤といったカラフルな色たちが混ざり合った色です。

かつて人類が信じていた古い信仰によれば、太陽の色は青であったり、オレンジだったりしました。太陽から発せられ地球の大気圏までの道のりを経て届けられる太陽光のほとんどは大気圏を通り抜けるものの、一部は大気圏に飲み込まれてしまいます。

光が大気圏を通るとき、紫系の光は赤系の色に比べて拡散しやすく、ほとんどの場合青系の色は屈折してしまって地上には届きません。そのようなわけで空は青く見え、太陽は白と黄色のミックス色に見えるのです。

もし大気圏というものが存在しなければ、太陽の光はやはり光り輝く白系に見え、空の色は常に夜のようにまっ黒に見え、そして、太陽を見ながらにして星たちの姿を見ることもできたでしょう。

虹の発生メカニズムは、水滴の屈折によって起こります。

白い光を発する太陽のエネルギーがあります。オーラは、大気中のその白い光を吸収しながら様々な色に分離させ、人間の肉体に存在するエネルギーセンターへと伝えるのです。このエネルギーセンターは「チャクラ」という名前で知られているものです。

オーラは、人間の魂や知性の発達状態と連携してその色を変化させます。そのときの肉体的・精神的状態に応じて、オーラの色や明るさも影響を受けるのです。

肉体に吸収された太陽の白いエネルギーは、最初にエーテル体に反映され、魂のレベルに応じて様々な色となって外に反映されます。

オーラは渦巻形でごちゃごちゃした虹のように流れているものです。オーラの色は、次々に発生するスパイラルを描きながら、肉体の周りを頭から足の方へと流れます。このときも、渦を巻いています。このとき見える色というのは、虹の色彩として見えるものよりももっと多彩です。

アメリカ航空宇宙局（ＮＡＳＡ）同様、多くの人間がオーラの研究に関わっている英国カラー協会では、オーラの色は無数のパステルトーンを含め、四七〇〇色以上あるとしています。

人間の肉体をとりまくオーラの基本色は、その人の人間としてのレベルによって異なります。その人が精神的に成長すれば、オーラの色も成長します。

不幸なことに成長の階段を降りるような状況が起きると、その人のオーラの基本色も完全に落ちてしまうか、トーンが暗くなってしまいます。

人が物事をよい方向にとらえ、意欲的に人生の道を進もうとしていれば、オーラの色もよい色になります。そして、よい色に変化したオーラとともに、その人自身もよりよい人生を歩むことができる、というわけです。

オーラとは人生そのものを映し出す鏡

そもそも人間はこの世に生まれ出る前、母親のお腹の中にいる時点で、二人の天使によって善悪両方の運命が書かれるのです。

人間は、善なる思考をすることで自分を成長させ、オーラの色のトーンも成長させることができます。また、無数のパステルトーンが、精神状態の段階や思考や意図などをも明示します。

この無数に存在するパステル色の意味をここで書きつくすのは不可能ですが、読者の皆さんがご自身のオーラの色を見る際に手助けになるように、簡単に識別できる色の意味を後述しますので、参考にしてください。様々なトーンの色が見え始めれば、あなたは知識を得たも同然で、周囲の人たちが実はモノトーンの世界を見ているということに気がつくでしょう。

オーラとは、人生そのものを映し出す鏡です。肉体におけるオーラの正体は、魂からメッセージを受け取った脳が作り出す電力なのです。

人間の肉体とは、人生の力です。

脳が作り出した電力によって肉体は機能し、その人の肉体のうちに、その人の性格を反映するオーラを作り出すのです。

太陽の光によって地上の光や熱が作り出され、私たちが生きながらえているとすれば、私たちの肉体は脳が作り出す電力によって存続しえているのです。

脳には、肉体のあらゆる器官に十分な電力を供給するための機能があります。つまり、脳は肉体のあらゆる器官に向けてそれぞれ別々に電気を流し、オーラを通じて反射反応を起こさせます。

さて、脳の中で最初に発生する感覚は、「触れて感じる」という感覚です。母親の胎内にいるうちに生まれるこの感覚は、胎児が五ヵ月の時にアッラーの命令により息が吹き込まれ、それによって赤ちゃんの中に「触れて感じる」という感覚が生まれます。

そして、足で蹴ることで触れて感じるという動きとしてこれを経験するのです。また、赤ちゃんのオーラは母親の胎内にいる間力強く外に反射し、これが母親のオーラと反応しあうようになります。

ただし、これは誰もが目にできるというものではありません。人間が見ることができるオーラはエーテル体のオーラで、色のバリエーションは様々です。

オーラの色は肉体的・精神的状態によって変化します。また、植物や動物、鉱物にもオーラは存在します。しかし、妊娠中の女性のオーラは一般的に濃く、またカラフルに見えるものです。

病人のオーラを観察する三つの方法

オーラはその人の肉体の活力を表すとともに、その人の欲望や必要としているもの、愛情や憎しみ、病気などの健康状態なども、肉体が外部に向かって発信する色となって反映します。

しかし、オーラは大変繊細なもので、例えばある人が友達から洋服を借りてそれを着ていたとします。するとその洋服の持ち主のオーラが反映してしまいます。また例えばお風呂から出た人が、他の人が使ったタオルを使うと、そのタオルを前に使った人のオーラが一定の時間反映してしまいます。

古代人はこのことに関してとても専門的な知識があったので、病気の人の肉体を見るときは必ず裸にして見たものです。肉体に生起していることを見るためには、この形で見るのが一番いいからです。

病人のオーラを観察するための三つの基本的な方法があります。それはいずれも治療者のオーラを見る能力を高めることで可能となるもので、

「オーラを目で見る」

「オーラを掌で感じる」

「オーラを静止画としてみる」

という三つの方法です。

常に成功を収めるイメージを脳裏に持ち続ける

自分のオーラを自分で見ることができるようになるのがベストです。誰でもできるようになります。ただ、見えるように願い、必ずや見えると信じればいいのです。

人は、信じ続けていれば必ず成功できる生き物なのです。

どんな状況であっても、常に成功を収めるイメージを脳裏に持ち続けなければなりません。また物

事を一番いい形で成功させようとするならば、まずは説得力を酷使する必要があります。

魂を説得できる人は、何事においても成功を収める人です。

逆に、魂を説き伏せる才能に恵まれない人は、秘儀の習得において劣等生となり、この世に生きている間中、人間としての魂に打ち勝てない、ということを忘れないで下さい。

オーラを見るためには、部屋やその場の明かりを暗くするかうす暗くして、オーラを見る相手には濃い色をした背景の前に座ってもらうか、自分のオーラを見るのであれば鏡に向かって立って見るとよいでしょう。

オーラを見る人は、決して無理をせず、焦点をぼかすようにして見るとよいでしょう。オーラが一番見えやすい場所は頭部、手足周辺です。

人は誰でもオーラを見ることができます。

目を開いた状態で見る人もいれば、閉じたままでもオーラを感じることのできる人もいます。

ただし、鏡に映してみようとしても、はっきりとは見えないことがあります。鏡に映ったオーラは濁った色をしている可能性があります。これは、様々な色が混ざり合ってしまった結果です。

このような状態になってしまったときは、ご自身の腕を裸眼で見ていれば、ゆっくりと回復してくるでしょう。難しいことではありません。数回のチャレンジで見えなかったとしても、続けていけば見えるようになります。

まずは必ず見えるという確信を持ってください。

他人のオーラを見るためには、まず相手から五歩ほど離れて、向かい合ってください。その後、ご自身の両手をこすり合わせて温めてください。その上で、相手にも同じようにするよう促してください。

次に、向かい合ったまま目を閉じて両手を掌が互いに見える形で上にあげ、互いの手が接しない程度に保ってください。流れているエネルギーを、球体を作る要領で感じながら掌で包んでください。そして、このエネルギーを相手に届くように送ってください。相手からあなたに流れてくるエネルギーも感じてください。

次に、互いの両手を合わせてください。それから手を放し、エネルギーが貯めこまれた指先でエネルギーのやりとりをしてください。相手の人は手をゆっくり下げて大丈夫です。あなたは手を相手の頭の上にかざしながら、エネルギーの熱さを感じてください。

もうあなたには相手のオーラが見えているはずです。

藍色

エーテルの青

光り輝く青

紺色に近い濃い青色

灰色が混ざった青色

赤色

淵が光っている赤色

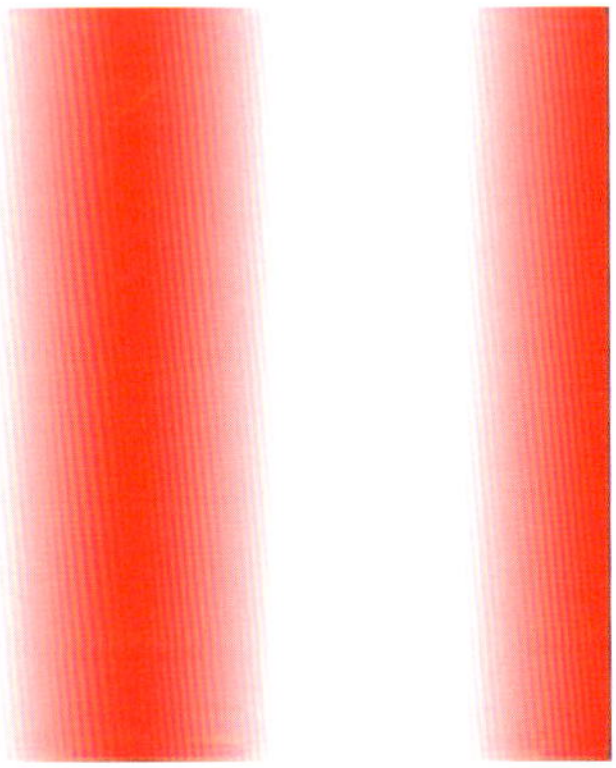
赤く光るリボン状のオーラ

汚い色の赤色のオーラ

泥水のように濁っている赤色

火の赤

臓器の箇所に見える薄い赤色

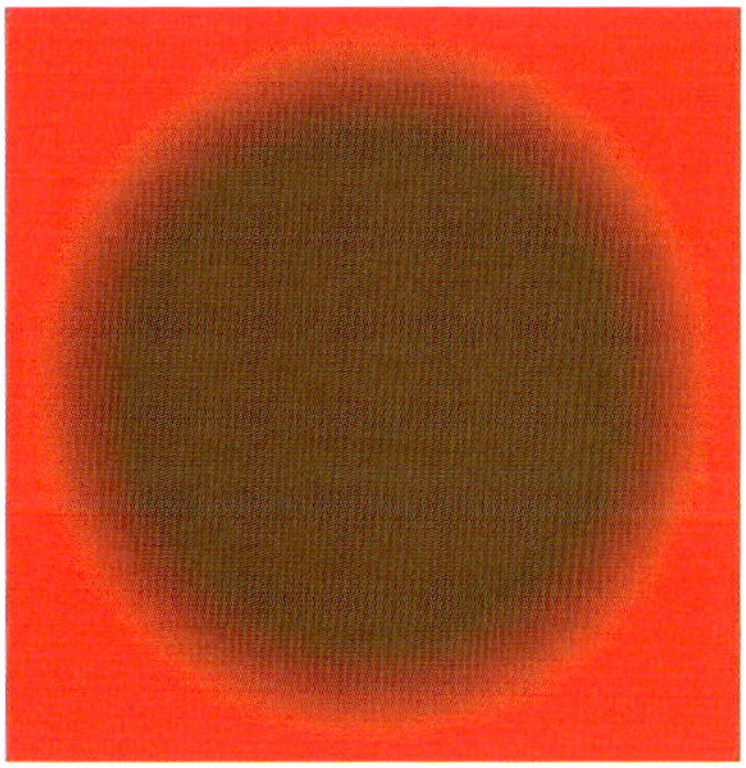

茶色がかった赤色

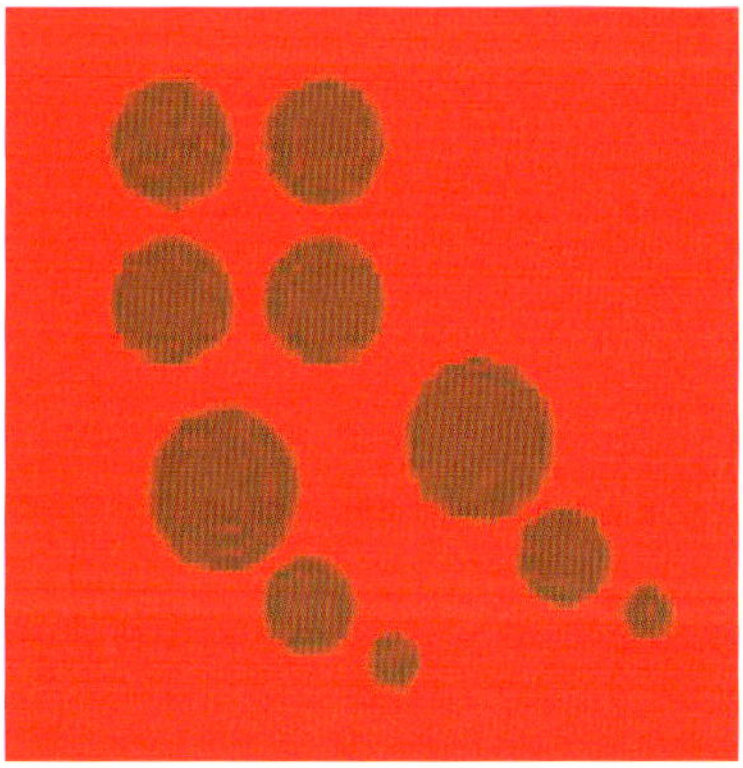

斑点のある赤色

クリーム色の混ざった緋色

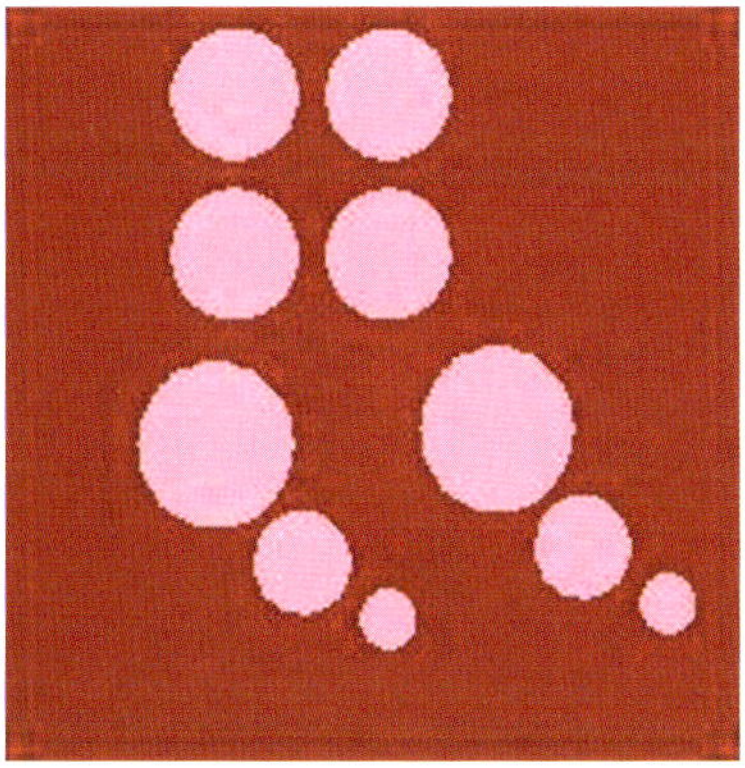

マットな赤色の上にピンクの斑点

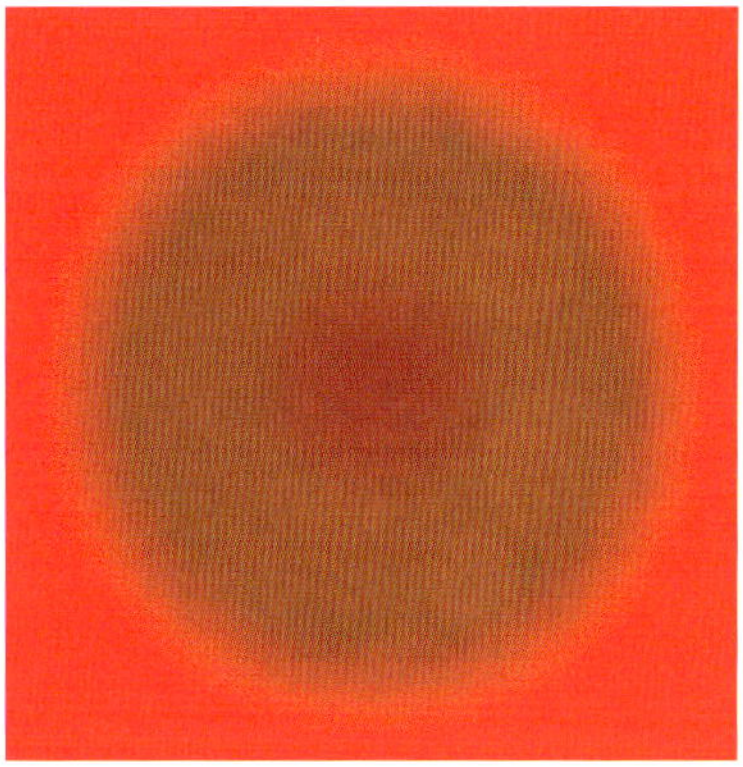

赤茶色あるいはレバー色

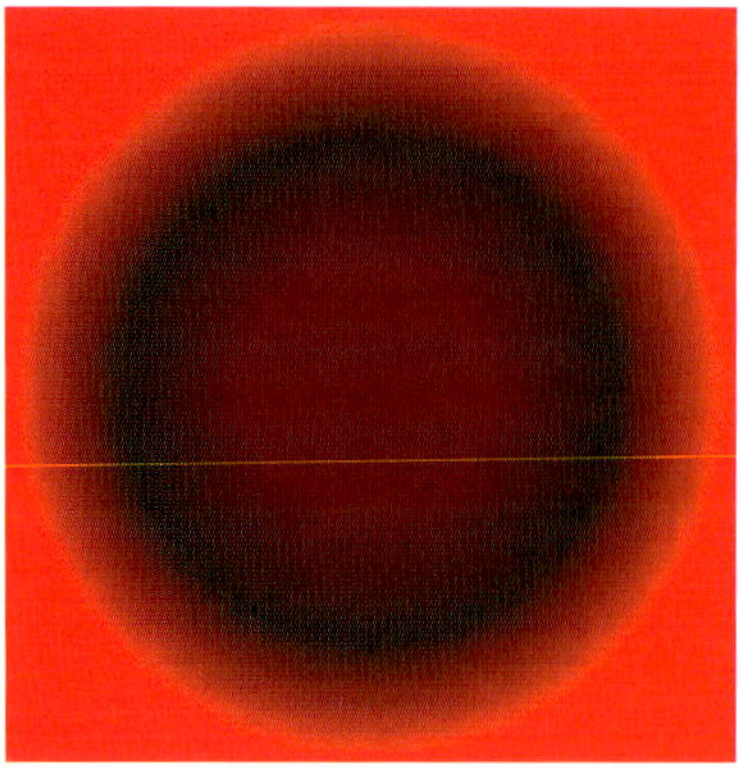

茶色っぽいレバー系の赤

スミレ色（紫色）

光り輝く紫色

ライラック系の紫色

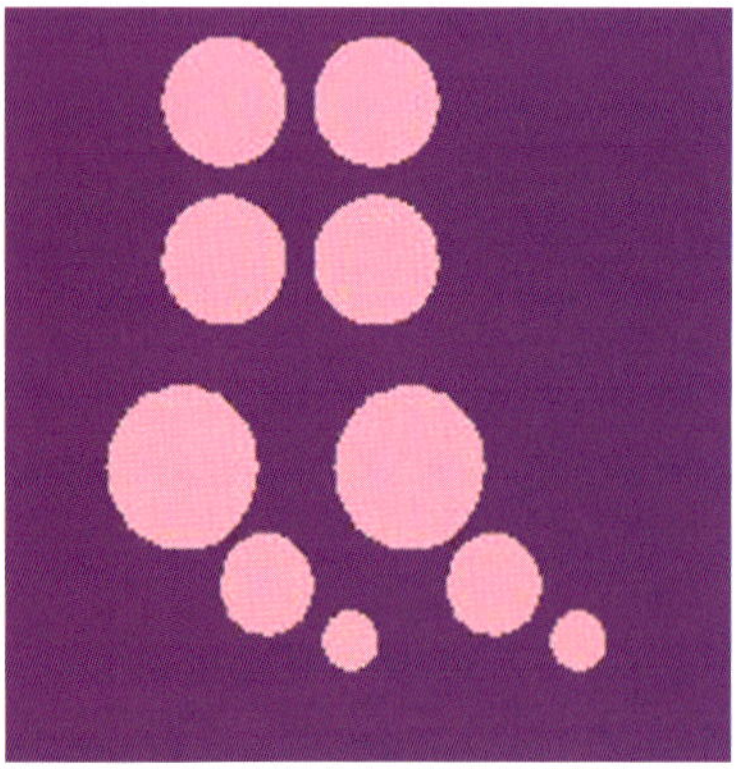

スミレ色にピンク系の斑点

灰色

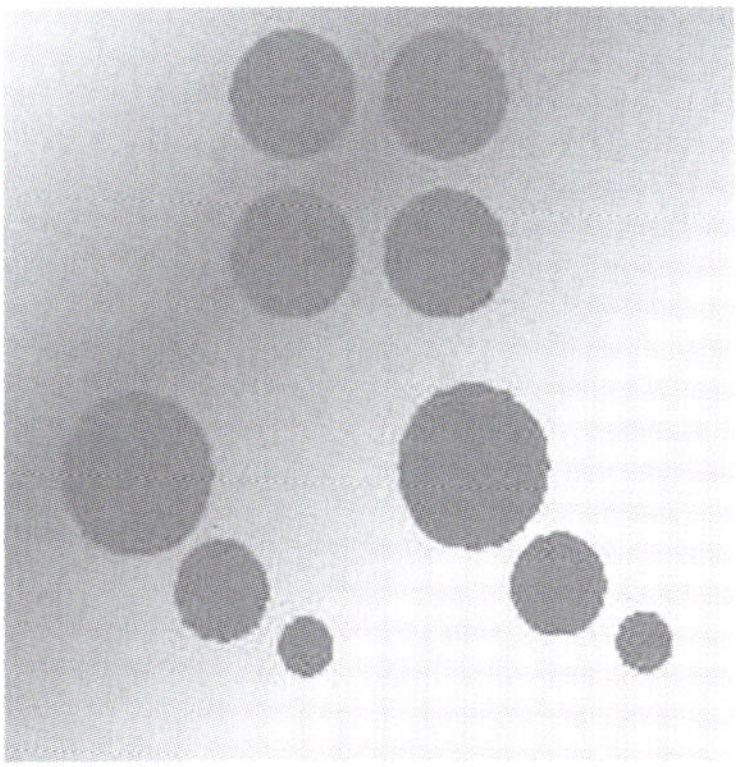

帯状の灰色

濃い鉛色のトーンをした灰色

オレンジ色

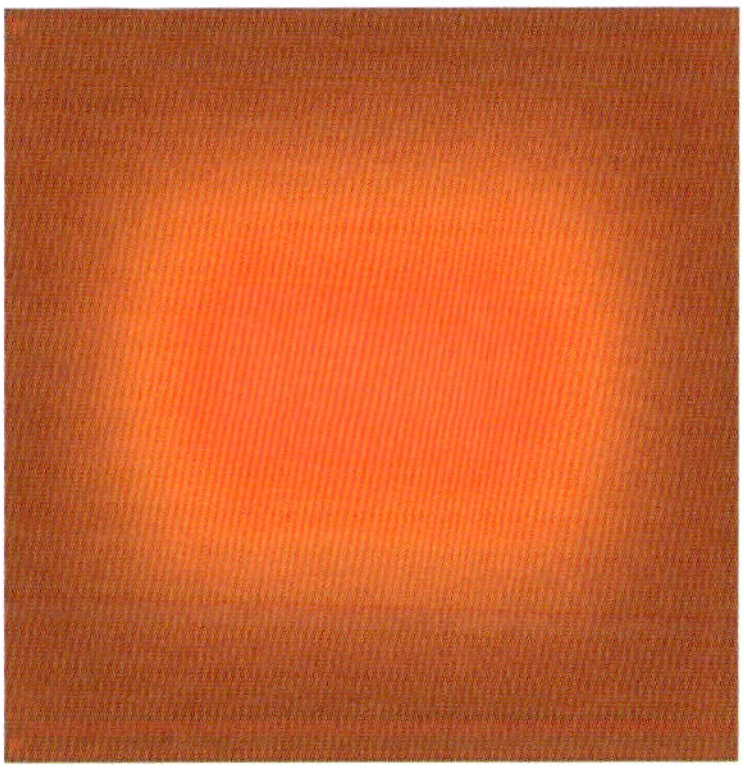

茶色がかったオレンジ色

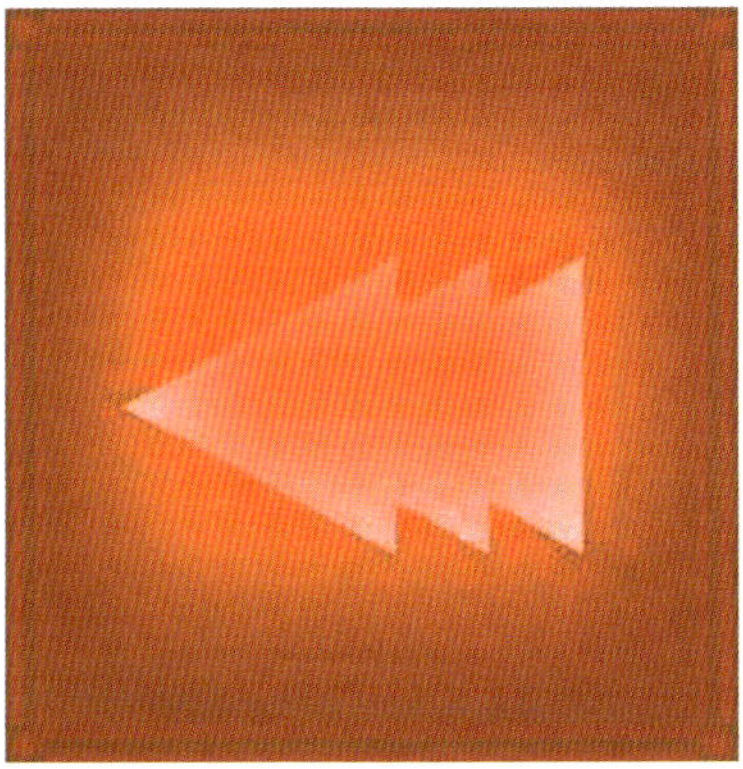

灰色のとんがった影のある
茶色がかったオレンジ色

緑色の強いオレンジ色

濃いオレンジ色

透き通った濃いオレンジ色

赤色のトーンが強い濃いオレンジ色

黄金色

後頭部に見られる黄金色の輪

普通の黄色

黄金色に近い輝きのある黄色

濁った黄色

赤みがかった黄色

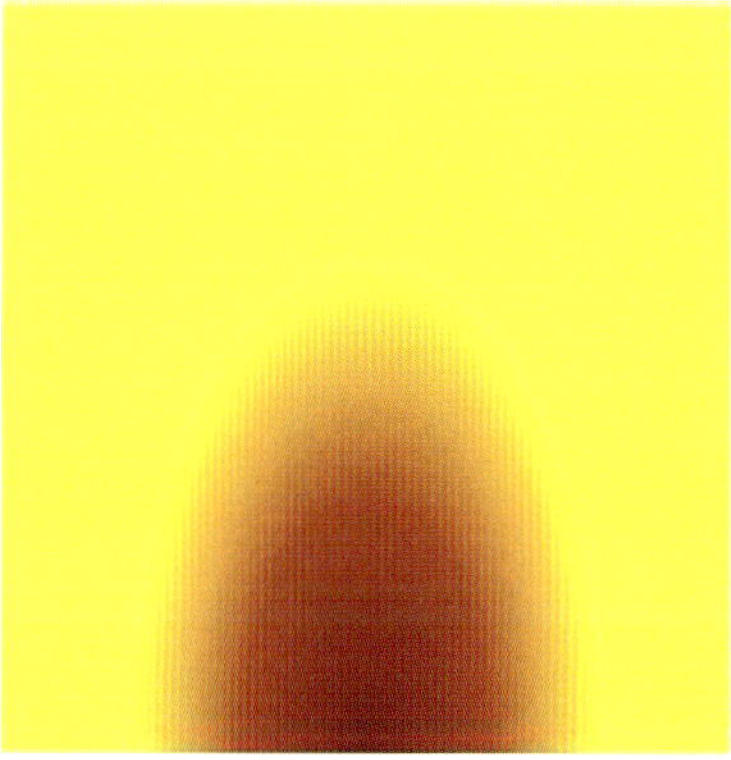

霧がかかったような、あるいは泥が混ざったような黄色

赤、黄色、茶系の赤が同時に表れる色

茶系の黄色

茶系、黄色、レモン色に近い緑色

緑系の黄色

茶系と赤系を含んだ黄色

濃い黄色やこげ茶色

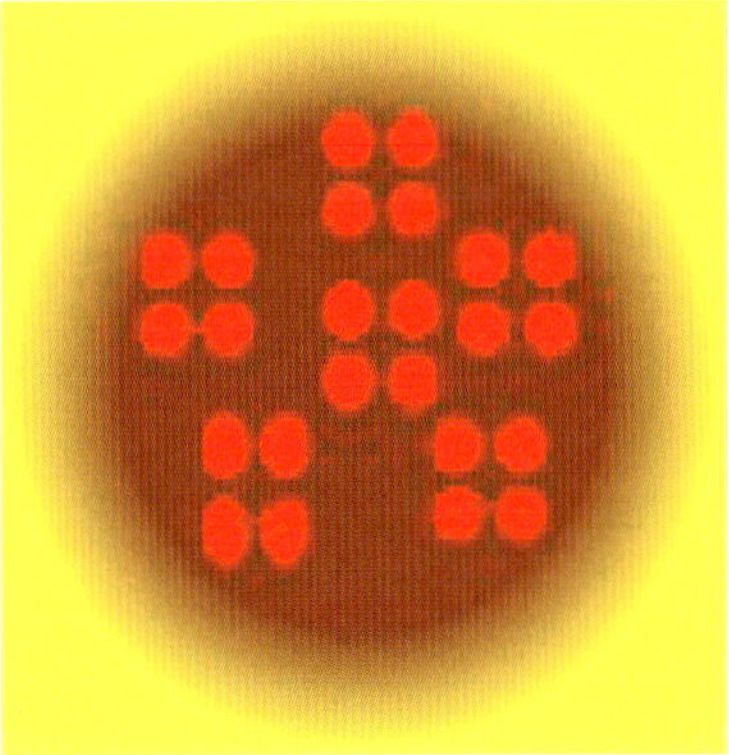

濃い黄色やこげ茶色に赤系の斑点

半分が青系の黄色、もう半分が茶系あるいは緑系の黄色

緑色

エメラルド色

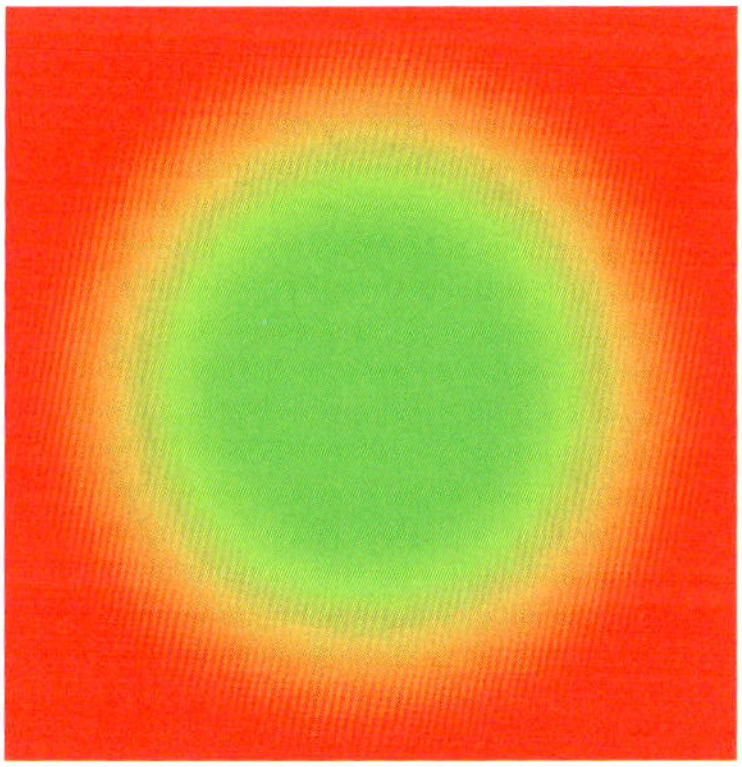

赤と緑が同時に見えるオーラ

青色と緑色、あるいは電気系の
青色と緑色の中に帯状の黄金色

ピンク色

淵が赤色のピンク色

あらゆる思考、魂の振動がその色に反映される

とても稀なことですが、生まれながらに神秘的な能力に恵まれた人物のオーラは縦型であることがあります。オーラは魂が可視化されたものなので、病気や苦悩、成功や愛、嫌悪や瞳に宿るあらゆる思考、魂の振動がその色に反映されます。

誰もがオーラを映し出す磁場を持っています。磁場は十センチから二十センチ、神秘家の場合は三十センチほどです。

磁場は、身体をとりまく形で色とりどりの卵のような形に見えます。

オーラについての確かな知識を持った人は、人間の健康状態や、魂の成長度の主流線を見ることができます。

ここで言う磁場とは、生命に力と活力を与えている身体の周りをとりまく光のことです。オーラ、つまりこの磁場があるのは、頭の周りです。事故などで突然の死を迎えることになった人のオーラは、肉体が徐々に冷えるに従ってゆっくりと消えていきます。

大変遺憾なことですが、実際には見えていないにも拘らず、あたかもオーラが見えているかのように語る不届きな人たちがいます。

そのような人たちは、例えばある人が事故で死ぬ前からその人のオーラは色がかすんでいたとか二、三日前にはその人のオーラに予兆があったなどと言います。絶対にそのようなことはありませ

ん。突然の事故で命を失う人のオーラは、その直前まで至って普通です。

一方、通常の死を迎える人の場合、死の間際の磁場の光は魂同様弱まります。私たちの脳は死亡する六分前に無酸素状態になることがあります。オーラはその人の生を司るものなので突然消えたりしません。脳の働きが衰えて死を迎えると同時に、オーラもゆっくりと消えていきます。

大変残念なことですが、専門的知識を持たずに、拝金主義に基づいて書かれた書籍を探ってみても、読者が満足できるようなオーラについての知識を得ることは大変難しいと言わざるを得ません。

古代人は心眼の開いた子どもたちの額や頭部に穴を開けていました。このエネルギーの霧、あるいは雲ともいえるようなオーラは、一般的に「第三の目」と言われる心眼の才能に恵まれた人たちに見えるものです。「第三の目」と言われるのは、次のようなものです。

私は子どものときに事故にあって死の淵をさまよいました。そのときに頭の真中に穴が開いたのです。創造主がたらした滴《しずく》が落ち、事故にあったことが幸いしてこの穴を手にいれることができたのです。

それからというもの、人間が望んで手にいれるものとは異なり、生得《せいとく》（生まれつき）的なものとしてオーラを見る才能を授かったのです。（アッラーに感謝します……）

特別な「視力」でその人に必要なものを見て伝える

オーラは空気に似ています。縦や横、円柱、時には線状のバッテンなどの形があります。私がオーラを見るときは、ただその人の姿だけではなく、相手の名前を数字に転換して見る方法も用いて多角的にその人を見ます。

相手を心の底から理解しようと努めて相手に近づくことで、相手のオーラはよりくっきりと見えるようになる、ということを覚えておいてください。

もし私が相手と話をする機会がないままに相手を見なければならないような場合は、まずはその人の磁場を見てその人の魂の成長具合を見て相手を理解しようとするでしょう。

また、私が用いる独自の数字システムは、他の人には理解不能なシステムです。

私はまず、相手の性格や特質を見ます。それから徐々にオーラを見て、その人の今置かれている状況について情報を得ていきます。

また、創造主や光の教師たちから与えられた特別な「視力」で、その人に必要なものを見て本人に伝えていきます。

つまり、オーラの分析においても、この独自の数字システムは他の人には決して理解できない形で私の力になってくれているのです。

オーラを見るには自分を成長させることが絶対必要

オーラの色で一番よいとされている色は、黄金色です。

オーラにおける黄金色は、どの人にも生まれながらに備わっている色で、その人の考え方に左右される他の色たちは、その人の肉体がそのオーラの色を発するときに黄金色から力を借ります。そして様々な色によってその人の実際の性格やその瞬間の考えを外に反射させるのです。

例えば、もしその人の魂の成長度が十分でない場合は、生まれながらに持っている黄金色のオーラを反映させるのは相当に難しいことです。

自分のオーラを見るのに最適な時間帯は、朝の九時ごろです。朝九時という時間は、体がしゃっきりと目覚めて力がみなぎっている時間です。

オーラを見る習慣をつけようと思っているなら、この時間帯を選ぶとよいでしょう。オーラを見るときは、部屋を薄暗くして自分の姿を鏡に映しましょう。鏡の向こうには、もやっとしたものが見えるはずです。

これは、様々な色が混ざり合ってできたものです。実際にあなたが放つオーラの色を鏡で見ることは決してできません。この濁った色が見えてしまったときは、ご自身の腕を見るなり身体の様々な箇所を見て目を元通りにしてあげるとよいでしょう。

他の時間帯でもオーラを見ることはできます。二番目にお勧めの時間帯は、午後三時です。午後三時は、人間の体にエネルギーがもう一度戻ってくる時間で、体の状態は万全です。身体にとっての効率のよい第二の時間帯の始まりです。ただし、朝のそれよりは劣ります。

心眼を持つ神秘家は、オーラをはっきりと見ることができます。

しかし、残念ながらオーラなど見えもせずオーラの意味することも知らずに、大々的な宣伝を打ってメディアを通じて発言をする人たちが存在するのも確かです。

人間は、正直でありさえすれば、求めているもの、あるいは見たいと願うものを見ることが可能です。もちろん、自分を成長させることは絶対に必要です。

オーラ観察の才能を開花させるためには、海やプールなど、人間が身体を露わにする場所で訓練を積むか、家族相手に練習をするとよいでしょう。

各ボディ（体）とソウル（魂）の説明

さて、神に創造されし瞬間より人間には三つのメインボディが存在します。人間は、この三つのメインボディのおかげで生を保っていられるのです。

三つのメインボディとは、次の通りです。

■第一のボディ（体）…肉体

魂は、この肉体のために人生における艱難辛苦《かんなんしんく》を経験し、それによって教訓を得るのです。

■第二のボディ（体）…エーテル体

ここでは欲望や熱中、恐怖が形成されます。磁性のボディです。人間の死後三日で肉体から分離し、次のインカネーション（魂の移動）では同じエーテル体はその肉体には育ちません。

■第三のボディ（体）…アストラル体（スピリチュアル体）（不死の魂）

アッラーの思し召しがあれば、アストラル体（スピリチュアル体）は人の死後次の生を生きるため、母親の胎内で十日目の胎児に入り込み存在し続けます。あるいは、いずれの魂にも入らずに自由に浮遊します。

アストラル体（スピリチュアル体）は、人間の前世についての情報を与えてくれます。潜在意識がオープンな人たちは、このアストラル体（スピリチュアル体）から前世に関する情報を得ているのです。

人間は、神より創造された瞬間より、知恵を持つ存在として創造されました。人間には三つのメインソウルが存在します。

■第一の魂…「物理的存在の魂」
■第二の魂…「生かしの魂」
■第三の魂…「移動する魂」（不死の魂）

この三つのメインソウルに与えられた共通の知識において、太古の昔より全存在にとってあらゆる状況、あらゆるボディにおいて真のカイドたりえるのは、全知識を構成する根本的なエネルギーそのもの、エネルギーの力そのものなのです。

そう考えると、人間に内面的な影響を与え、神の欲する通りの影響力を及ぼし、あらゆるボディに対して支配的な力を発揮することは、悪魔が人間の利己的な力への介入することよりもさらに大きい罪だと言えます。

人間とは、人間自身に備わっているこの三つの知識を現実化するために行動するのです。魂が持つ三つの知識をボディとソウルの良識でもって認識できる人のオーラは、必ずや黄金色を含んでいます。

この知識を失った無知な魂は、そもそもポジティブ・エネルギーを引き寄せることもできなければ、様々な教えを受け入れることもできません。

神を知り、そして己を知り、そして進化してください。

三つのメインボディの、他のテンプレートとしての役割を果たす5つのボディとの境界は次の通りです。

一、肉体
二、エーテル体
三、感情体
四、メンタル体
五、アストラル体（スピリチュアル体）
六、エーテル・テンプレート
七、天空体
八、ケセリック体（コーザル体）

各ボディと各ソウルは次のように連携しています。

■感情体と物理的存在の魂

■メンタル体と生かしの魂
■アストラル体と不死の魂

オーラ観察者は、これらのボディについて、オーラの層に基づいて様々な順序で解説しています。前述の三種類の体と三種類の魂についての知識は、アストラル界から選ばれし者以外に知る者はいません。

オーラの解説図の形や順序は大なり小なり違いがありますが、それらの差異によって事実が変わることはありません。

三種類のメインボディについての知識は、光の教師たちが私たちに授けてくれた知識です。その知識によれば、オーラを見るためには、まずは深い知識が必要だということです。

オーラは経験豊かな専門家であっても何年も訓練したところで見えません。まずは、自らの身体についての知識を深め、魂の進化を計りつつ最初の一歩を踏み出すのが得策でしょう。第三の目を使おうとしてもなかなかうまくはいきませんし、時として全く不可能な場合もあります。

前述した三つのメインボディと三つのメインソウルは、次の転生でも再生します。魂の移動の実行も、この三つのメインボディとメインソウルの助けがあって初めて可能となります。

当然ながら、アストラル界からの助けがなければ、誰であれ魂の移動を実践することはできません。

私たちのボディについての知識を深めつつ、直感を大切にし、八つの各ボディについて見ていきましょう。

一、肉体

人間の肉体には地球の全要素が存在する

私たちが住む地球とそのメカニズムに最も近い体（ボディ）が、肉体です。偉大なるアッラーは聖アーデムを地球の全要素である四種類の土から創造なさったため、人間の肉体には地球の全要素が存在します。

ですから、人間の肉体にこれらの要素のうち何かしらが欠けてしまうと、人間は病気になってしまうのです。

可視的世界における人間の肉体は、私たちと鉱物の世界を結ぶものでもあります。先入観を捨てて観察すれば、人間が「死」を迎えた後に残る物体は鉱物と同じ成分からなっていることが解明されています。

人類はなぜ鉄や鋼、銅といった金属類を発明するようになったのでしょう？　金属類は全て物質的な目的のため、そして人類が自然を支配しやすくするための連鎖を作り出すために発明され、そして使用されてきたのです。

人間の肉体や血中の鉄分や銅は相互に作用し、代謝を助けます。

さて、自然界には九十二種類の元素が存在し、それらの中には人間の健康にとって大変有益な数百もの同位体が存在します。私たちの身体における生物学的諸機能に作用するこれらの諸元素は、ミクロ元素と微量元素の二つのグループに分けることができます。

自然界に存在する九十二種類の元素は、食物を通して人間の体内に入り血液中に吸収され、人間の肉体の健康を保つために摂取されています。ある意味、これら元素は人間の肉体を支配しつつ守っていると言えます。

自然を支配するために使われる金属類が、一方では人間の身体を支配していもいるというわけです。あるいは、生きている間中、肉体が持っている力が肉体から自由になって離れてしまわないようにしているのもまた、肉体自身だと言うこともできます。

肉体の生を保つために創造された感情体

感情体という層は肉体の生を保つために創造されました。感情体が第一の魂である「物理的存在の魂」と言われるのはそのためです。感情体は、肉体に五感と言われる感覚を与え、肉体を生きながらえさせています。

肉体は、体に栄養を送り、体にどのような栄養が必要かを感知させる魂であるメンタル体に宿る「生かしの魂」を通じて栄養を摂取することができます。

この「生かしの魂」こそが、飲み食いをはじめ空腹感やのどの渇きといった生や活力を保つために肉体に必要なものが何か、ということを知っているのです。

つまり、生かしの魂は水と食物で肉体に栄養をとらせ、呼吸させることで肉体の生を保たせている、ということです。

アストラル体は肉体のバランスを適切な形に保つ

アストラル体（スピリチュアル体）は第三の魂である「可動する魂」と連動しています。肉体が眠りにつくと活気づく魂のことです。魂の流れによって人は眠ったり休息をとったりすることができるのです。生まれながらにして存在する無意識な存在は、肉体の世界のことを、肉体を通じて学んで行きます。

ここで言及した肉体の世界は、物質や物質が反応する原因であるエネルギーによって表面化します。

天上界も私たちの住む世界も少しも違わないとする原則を魂の治療に適用すると、肉体的な意味での健康は、その人の肉体の周波数よりももっと上位のボディの健康と直接的に関わっているということが理解できます。

つまり、アストラル体（スピリチュアル体）は肉体のバランスを適切な形で保つ役割を果たしているのです。脳から得た電力によって魂から栄養を摂取し、人間の肉体を支え続けているのは、アストラル体（スピリチュアル体）なのです。

肉体は単にその他の体（ボディ）たちにとっての「型」の役割にすぎません。

魂がなければ人間は生きていけない

魂と肉体を結びつけているのは、半物質的なものです。魂がなければ、人間は生きていることができません。肉体が古くなり老いてくると、魂は肉体から離脱します。そのとき私たちの肉体のオーラは、エーテル体とアストラル体を通じて外部の世界に反射されます。また、各ボディのオーラは順々に肉体のオーラを反映しています。

太陽の白い光を肉体に吸収させているのもこの肉体と呼ばれるボディです。私たちの体が自然なバランスを保って栄養を摂取するために、元素は間違いなく重要な要素です。

特に、このバランスを微量元素に頼っているとしたら、致命的です。

人間が健康のバランスを何らかの形で保ち続けるためには、細胞や組織、器官中に存在する三十近い種類の微量元素が大変重要な役割を果たしているということが知られています。微量元素が体内でバランスのとれた状態で存在するとき、生命にかかわる多くの機能に重要な役割を果たしています。

鉄分を多く含む食物が体内でエネルギーに変化したとき、それは細胞の燃焼過程におけるキー的役割を果たします。だからこそ血液というのは燃料と同一視されるのです。

また鉄の粒子は、燃焼の結果生じる二酸化炭素を吸収するので、それで血液は青味がかるのです。そして粒子は二酸化炭素を肺へと送り込みます。

エーテル体において最初に見えるオーラが青味がかっているのはこのためです。

この宇宙では何もかもが密かに繋がっているのです。

肉体は他の高次のボディとの隠れた繋がりがあり、肉体は他の各ボディのために神が創造した心臓の役割を果たし、血液は肉体における連絡係の役割を果たします。
ここに書いた知識は、全て光の教師たちから授かったものです。

二、エーテル体

魂の進歩の程度を表現している

エーテル体は、他の全てのオーラの層の型であり、肉体が持つ全ての他のボディは、メンタル体を通じてエーテル体へ到達し、エーテル体から各磁場へと分配されます。

エーテル体は魂のように軽く、揮発性に富んでいます。肉体が太陽の光から吸収した白いエネルギーの光を体外に様々な色彩で反映させ、オーラ中に魂の進歩の程度を表現しているのがエーテル体です。

また、肉体を外側から保護することもエーテル体の役目です。肉体が必要とするエネルギーを使って栄養を補給し、私たちの欲望や恐怖によって形作られた磁気性のボディがエーテル体です。青味がかったオーラが一番よく見られるのもエーテル体です。

高次のボディと肉体を結ぶ役割

エーテル体の外観はフィジカルボディ、つまり肉体によく似ており、肉体にとって不可欠な肉体的エネルギーを形成する場でもあります。

人間の死後ほどなくして肉体から分離し、インカネーション（魂の移動）ごとに毎回新しく形成されます。そのほかのボディは、人間の死後も存在し続け、新しい肉体と合体します。

エーテル体は、高次のボディと肉体を結ぶ役割を果たします。

エーテル体のオーラは、肉体（フィジカルボディ）からおよそ五から二十センチほど離れたところにあり、神秘家の場合は縦型で三十センチほどの幅があります。

普通の人の場合は、オーラの形は肉体そのものの輪郭を象った形をしており、生の源たるエネルギー肉体が太陽から受け取った白いエネルギーと地球から受け取っています。

そしてこのエネルギーを保存し、宇宙のエネルギーを運ぶ三十五万の目には見えないエネルギーの焦点たちへ分配します。分配されたエネルギーは肉体に流れ続けるエネルギーのネットワークに栄養を与えます。

身体中に十分にエネルギーが行きわたると、エーテル体は余ったエネルギーを毛穴を通じて外へ放出します。毛穴から放出されたエネルギーは、オーラの一部であるエーテル体のオーラを形成します。

この光は、肉体を保護する皮膜のように肉体のまわりをとりまきます。病原菌となりうる微生物や肉体に害のある物質が体内に入り込まないよう守ってくれています。この自然の皮膜のお陰で私たちは様々な病原菌から守られているのです。それと同時に、周囲に生命のエネルギーを拡散し続けているのです。

ネガティブなエネルギーの流れがオーラを弱体化させる

人間が病気になる原因はそもそも私たち自身にあると言えます。自然界と相いれない生活にかかってくる負荷、例えばストレスや不摂生、過度のアルコール摂取やニコチンの摂取、投薬と並行して、マイナス方向の思考や感情は、エーテル体の生の活力を消費し、エネルギーの拡散力と濃度を弱めてしまいます。

このようなネガティブなエネルギーの流れがオーラを弱体化させ、有害な微生物の体内への侵入を許してしまう原因となるのです。

オーラリーディングに長けた人は、病原菌の肉体への入口である割れ目や裂け目をオーラの中に見ることができます。

また、生命エネルギーもこの裂け目から逃げていってしまうことがあります。このようなことから、エーテル体はヘルス・オーラとしても知られています。

病気が発症する前にエーテル体を十全にスキャンして病気を早期発見し治療することも可能です。つまり、体内で病気が発症する前にエーテル体にその兆候が出てくるということなのです。

この段階で病気を治療することができれば、私たちの肉体は痛みを感じることなく病気から解放されるのです。また、積極的に考えることで、肉体の健康を保つこともできます。

高次のエネルギー体と肉体（フィジカルボディ）の間の橋渡し

エーテル体のもう一つの大きな役割は、他の高次のエネルギー体と、肉体（フィジカルボディ）の間の橋渡しをするということです。

エーテル体は肉体から得た人間の感情にまつわる情報を、アストラル体やメンタル体へ伝え、同時に高次のボディから物理的な肉体へエネルギーや情報を流すという役割もあります。

エーテル体が弱体化すると、この伝達経路にも障害が生じます。エーテル体を強化するためには、様々なセラピーを行ってあげる必要があります。

各ボディの中でも、最もオーラがよく見えるのがこのエーテル体のオーラです。オーラリーディングを学ぶときは、まずはエーテル体のオーラリーディングから始めるのが常です。

エーテル体とは、そもそもエネルギー以外の何ものでもありません。エーテル体の役割とは、様々なレベルのエネルギーを獲得しかつ拡散すると同時に、得たエネルギーの刺激と波動を用いてアクションを起こすことです。

人間の死後でも私たちとともに存在している

エーテル体は肉体の死後三日から五日以内に肉体から分離します。そしてインカネーション（魂の移動）ごとに新たに形成されます。

感情体、メンタル体、アストラル体（スピリチュアル体）は、肉体の死後も存在し続け、インカネーション（魂の移動）ごとに新たに形成された肉体と合体します。

古代人は魂の移動をする必要が生じると、感情体、メンタル体、アストラル体（スピリチュアル体）のオーラを強化させ、各ボディに粘り強く働きかけてこれを成功させました。

人間の死後でも、それらは常に私たちとともに存在しているのです。私たちは、私たちのレベルで死んだと信じている人たちからもエネルギーをもらい、助けを受けながら生き続けているのです。

墓参りという行為の隠れた目的も、私たちのレベルで私たちが死んだと信じている人たちからエネルギーをもらうためなのです。

二、感情体

物理的存在の魂と連動する感情体

感情体と連動している魂である第一の魂、いわゆる「物理的存在の魂」として、肉体に五感と言われる感覚と生を与える魂です。肉体、つまり物理的な存在が最も必要としている魂であるがゆえに、それは第一の魂と言われています。

この魂は、胎児が母親の胎内で五ヵ月のときにアッラーによって吹き込まれます。感情体はエーテル体の上部に位置し、液状の構造をしている層です。

虹がもつ色彩の全てを含む感情体のオーラは、人のそのときどきの感情によって様々に変化します。

大まかに言ってしまえば、感情体の形は肉体の輪郭をなぞる形状をしています。流動的な動きのある細長い材質からなる色とりどりの雲のようなものです。肉体から六センチ離れたところにあります。感情体は、感情体を取り囲む各層を包み、それら各層に浸透します。

感情の変化をもっともよい形で認識する場所

感情体に表れるオーラの色は、濃いものから濁ったものまで様々です。それは、感情や感情が生み出すエネルギーがどの程度オープンであるか、あるいは混乱しているかといったことに関係しているからです。

愛、興奮といった外に開かれた高次のエネルギーは感情体のオーラを輝かせ清らかにしますが、過度のストレスや縺《もつ》れた感情は濁ったような濃い色として表れます。高次のエネルギーは感情体に到達し、感情体で何らかの変化が加えられた後にメンタル体へと返されます。

人の感情的な構造はこの層と関連しています。

より高次の各層から送られるエネルギーは、この層で感情的な意味を担い、その人特有の感情という名のフィルターを通って意味を獲得した後にメンタル体へ、メンタル体からスピリチュアル体へと伝達され、アストラル体（スピリチュアル体）の流れに乗って肉体からエーテル体へと流れていきます。

その人のそのときどきの感情の変化をもっともよい形で認識する場所が感情体という場なのです。

あらゆる瞬間の感情を反映する

例えば、人が強い怒りを感じている時、感情体のオーラは濃い赤が支配的になります。感情体の状態はその人の感情的な構造と瞬間的な感情についての情報を私たちに与えてくれます。感情体は、瞬間、瞬間の全ての感情をコントロールし、私たちの世界観や現状認識を形作ります。

感情的なあらゆる変化はアストラル体によってオーラへと反映されます。オーラは各チャクラを通って各毛穴へと流れます。

感情的な変化は感情体を通じて他の各層へと伝達されます。感情的に健康な人の場合、感情体のオーラは輝いた活き活きとした色として表れます。感情体のオーラは流動的で、あらゆる瞬間の感情を反映します。恐怖、怒り、孤独、不安といった感情は感情体で蓄積され、ある種の潜在意識の役割も果たします。

感情体は感情や個人的な相違といったものを担う場でもあります。そうであってみれば、この層から出る波動こそは、私たちの潜在意識のメッセージであると言えます。

運命なるものは私たちの手の中にある

感情体は互いに似た者同士を引き合わせます。私たちが感情体から発するエネルギーの波動が、同類を引き寄せるのです。ちょうど、恐怖が恐怖を感じる状況を生じさせてしまうように。

だからこそ私たちは、恐れている事件や会いたくない人と遭遇してしまうのです。人が恐怖心を抱いていると、この恐怖心を支える恐怖を自分に引き寄せてしまうのです。

また、人が攻撃的な感情を抱いていれば、何度でも憤怒《ふんど》の情が水面上に頭をもたげ、そのような出来事に遭遇してしまうというわけです。

ある人が、感情的な問題を解決しないまま死んでしまったとします。すると、感情体は肉体の死後も存在し続けますから、解決しないままの問題は次の生に持ちこされることがあります。他の高次の層についても同様のことが言えます。

感情体の役割とは、私たちに同じ経験をさせることで、自分は何者かを思い出させることなのです。つまり、意識的に愛や成功のためにどんなに努力したとしても、結局のところ潜在意識で培った怒りや嫌悪、嫉妬といった感情が醸造する周波のせいで、決して目標に到達することができないのです。

だからこそ、私たちは自分のことを犠牲者のようにまなざしたり、出来事を人のせいにしてはならないのです。

そういう考え方や振る舞い方を続けている限り、ネガティブなエネルギーを作り続けてしまい、よからぬ出来事を自らに引き寄せ続けてしまうでしょう。かなり大きな割合で運命なるものは私たちの手の中にあるものなのです。

ですから、自分自身を変えて、人生を変えることは十分可能なことなのです。そのことを是非理解して欲しいと思います。

全ては唯一なる存在から来ている

ここで、ひとつ宇宙や生命体に直接アクセスできる、私たちの神的側面である、ハイヤーセルフについてお話ししましょう。

ハイヤーセルフは、生命体をグループ分けする手前で概念化します。全体に属し、分離の感覚を持ちません。時間や論理的知識の外部で一つの本質から私たちに呼びかける、私たちの内なる声のことです。

審判や濃厚な分離の感情からは独立した一つのオブザーバーです。

私たちが唯一なる存在に属し、全ては唯一なる存在から来ていることを感じさせるのがハイヤーセルフです。神への感謝の祈り、瞑想、ヨガといった様々なテクニックを用いて、ハイヤーセルフにアクセスすることが可能です。

それ以外にハイヤーセルフに到達するためにできうる最もシンプルなテクニックとしては、自分自身の命に対して意識的になること、認識力をオープンに保つこと、今生きている場は無限の可能性を秘めた一つの遊び場であることを認めること、可能性に対してオープンであること、型を破ること、自分の周辺の型通りの場から出ること、自分自身であることを許すこと、これで十分でしょう。

ハイヤーセルフは起きた出来事に「良」とか「悪」といった名付けをしません。ハイヤーセルフはただ、それが神のご意思によるものなのかどうか、どれが私たちにとって痛みを経験する感情や行動たりうるかを理解するため、ただそれだけのために私たちに様々な経験をさせてくれるのです。

また、ハイヤーセルフは自然のバランスの普遍的な法を私たちが理解するのを手助けしてくれます。ハイヤーセルフは「命令に従いながら」、最も高いエネルギー体である魂のエネルギーを私たちの全存在に行きわたらせようとするのです。

こうして様々な経験にまつわる感情的な記憶が私たちから消え去り、そうすることで関係する相手や起きた出来事を簡単に許すようになるのです。

このようにして、感情体に存在するネガティブな型が崩れ、代わりに愛情や陽気な気持ちに満たされた型が出来上がるというわけです。

四、メンタル体

宿るのは第二の魂である「生かしの魂」

メンタル体に宿るのは第二の魂である「生かしの魂」です。「生かしの魂」は、人を生かすという役割があります。魂は人生における苦難という名のレッスンを、この魂のためにこそ受けるのです。「生かしの魂」は人間が母親の胎内から生まれ出るときに神によって吹き込まれるものです。母親の胎内で魚のように浮遊していただけの人間にこの「生かしの魂」が吹き込まれ、肉体に活力が与えられ人生という名のレッスンを通して自らを成長させ、新しい知識を得るのです。

善悪の判断や食物のうちどれを食べるべきかなど、肉体がきちんと機能するためになぜメンタル体を活用するのか、それらのことを「生かしの魂」のおかげで知ることができるのです。

さて、思考や解釈、賢明かつ直感的な現状認識は、「生かしの魂」がメンタル体を通じて生じさせているものなのです。人が病気を発症するのは、ほとんどの場合メンタル体に原因があるのです。

ポジティブな考えがオーラの輝きを増す

メンタル体は、感情体とアストラル体（スピリチュアル体）の間にあって、通常、黄色をしています。波動はエーテル体やアストラル体のそれよりも高く、構造的には薄いのが特徴です。オーラの形は楕円形で、その人のステージが上がればそれに応じてメンタル体は、隣接するアストラル体や感情体のほうまで膨張します。

オーラ観察者たちは通常、メンタル体は八センチから二十二センチほどの幅だと説明しますが、実際には数メートルにも伸びうるのです。

メンタル面があまり成長していない人のメンタル体のオーラは乳白色をしています。かすかな色として現れるオーラはマットで透明感のない色です。

ポジティブな考えと高い理解力があればあるほど、オーラの輝きも増し、色も濃くなります。様々な情報は肉体や五感を通じてメンタル体に受け継がれ、アストラル体（スピリチュアル体）を通じて感情体まで伝達されます。

感情体は伝達された情報を感情へと変換し、今度はメンタル体へと送りかえします。メンタル体はこれを様々な感情や考えとして表現します。縺《もつ》れた感情、皮肉な感情や一方的な思いなどが生じるのはこのためなのです

メンタル体が発達を遂げるとハイヤーセルフの存在を認識する

合理的なメンタルなるものは、この世で再三繰り返されている思考の形のせいで、ニュートラル

（ここでは、「磁場がない状態」という意味で）ではありえません。

しかし、メンタル体の本来の役割とは、アストラル体（スピリチュアル体）と合理的な現実を一つにし、普遍的な現実へと到達することにあります。

メンタル体のレベルからもたらされる情報は、直感や幻想といった形をとり、後に言葉へと変換されます。また、私たちの周りに存在するあらゆる物質の真の自然な姿を知るための洞察力を与えてくれます。

第三の目のチャクラとクラウン・チャクラを繋ぐ連結道を使って、メンタル体は高次のレベルに到達することができます。一度メンタル体が発達を遂げると、それはアストラル体（スピリチュアル体）と同じものとなり、人はハイヤーセルフの存在を認識するにいたります。

古代人は、澄んだ目を持った子どもたちの額の第三の目の中心部に、銀の楔《くさび》で実に巧みに穴をあけることができました。これとは別に、頭部の適当な箇所に穴を開ける伝統も存在しました。このようなことを子どもたちに行ったのは、オーラをもっとはっきり見させるためであり、相手の発達具合を知るようになることで、よりよいヒーラーにするためです。

こうすることで第三の目とメンタル体の発達が促され、ヒーラーは様々なものをよりはっきりと見られるようになり、人類により貢献できるようになります。

そもそもメンタル体の発達レベルが低い人に、人のオーラなど決して見えません。

メンタル体が強化されると自由に決断を下すことができる

メンタル体は前述の通り感情体の外側のオーラ層で、そのオーラは通常頭部や肩の周辺から発せられ体中に広がります。色は薄い黄色をしています。メンタル面を使った働きをすればするほど、この黄色のオーラは輝きを増します。

メンタル体の最も重要な特徴と言えば、メンタル体が強化されると人の影響下に置かれることなく、自分で自由に様々な物事に対して決断を下すことができるというものです。

逆に言うと、メンタル体が弱体化すると、決断力がなくなりいつも誰かの影響下に置かれた状態で生きていくことになります。

「他人が何を言うか、どう思うか」という論理ばかりを大切にし、他人の意見によって人生設計をしてしまうような人のメンタル体は、相当レベルまで弱体化しています。

この状態を克服するためには、真実の愛、思いやり、そして高いレベルの意識エネルギーを持った人の導きが必要となるでしょう。

ところが、「忘却」という古くからの思考システムは、私たちにもそのようなことができるのだということを、そのシステム通り、私たちに忘れさせたようです。

ヒーリングの核は病気を未然に予防すること

古代アトランティス人は、「魂の移動・実験センター」というものをつくりました。その機能は、人類がかつて持っていたにも拘わらず、その後忘却させられてしまった知識を思い出させることで、別の肉体が所有する知識を自分の肉体にコピーし、それぞれメンタル体（生かしの魂）、感情体（物理的存在の魂）、アストラル体（可動する魂）を強化させて不死に到達し、神秘を解読するためのものです。

当時の人間たちは、健康な生活を保つためのノウハウを持っていました。ところが、時とともに人間たちは自分たちのヒーリング能力を人間の外部に譲渡しはじめることを学んでいきました。

ヒーリングの核は、病気を未然に予防する、ということです。これは、私たちが自分と完全にオープンな状態で向き合えば、いとも簡単にできることなのです。

困難な状況を創出しながら人生を学んでいく

メンタルのバランスを保つための簡単で利用可能な道があります。神の存在を信じ、感情を透明で澄んだ川のように清らかな状態に保つための道もあります。そして、魂と繋がる道を私たちが見つけたとき、魂は常に私たちにとって何が良いものであり、どのように生きるべきかを教えてくれるでしょう。

でも、外野の声がやかましい状態ではこれらの声は囁き程度でしかありません。私たちは、自分自身ではなく他者を愛し、自分自身ではなく他者の言葉を聞くようにと説く古いプログラムを持ち合せています。

私たちが魂の囁き声を聞くためには、魂の声に耳を澄まし、魂との繋がりを保つ方法を学ぶ、いや、思い出す必要があります。

最初の目的は「不死」であったとしても、人間は神への内面的な核のレベルの信仰心の力を用いることで、もはやかつてのような生き方をしたくはないと自らに言い聞かせてこれを成功させることができます。メンタル体（生かしの魂）は困難な状況や経験を創出しながら、人生そのものを学んでいきます。

メンタル力は、このような場面でこそ力を発揮するのです。

また、霊的エネルギーが低いレベルの物理的エネルギーへと自らを変換するためには、心臓から血液を送り出し肉体を温めることが必要です。

五、アストラル体（スピリチュアル体）

肉体が覚せいしたときに生を与える魂

第三のボディはであるアストラル体（スピリチュアル体）は、第三の魂と言われ不死の魂であり「移動する魂」です。

肉体なるものが私たちに与えられたのは、人が成長し成熟し、適応能力や進化の力である原動力を得るためです。人がアストラル界へ旅をすることができ、その結果アストラル界からの教えを得ることができるのは、アストラル体があってこそなのです。

第三の魂である「移動する魂」は、肉体に最初に入る魂です。そして、人間が死んでから三日後にその肉体を離れるので、そう呼ばれるのです。

アッラーの思し召しがあれば、アストラル体（スピリチュアル体）は人の死後次の生を生きるため、母親の胎内で十日目の胎児に入り込み存在し続けます。

あるいは、いずれの魂にも入らずに自由に浮遊します。第三の魂である「移動する魂」は、肉体が覚せいしたときにこれに生を与える魂であり、魂の流れを管理しています。

アストラル体（スピリチュアル体）は、人間の前世についての情報を与えてくれます。潜在意識がオープンな人たちは、このアストラル体（スピリチュアル体）から前世に関する情報を得ているのです。

永遠の意識を持つ高周波のボディ

オーラとは、魂からメッセージを受け取ることで脳が作り出す電力のことです。脳とはすなわち、神経細胞からなる電気構造に与えられた名前なのです。

人間の肉体にとってそれは、生命のパワーです。

人間はまず全エネルギーを魂から受け取ります。しかるのちに脳がその人の生死をコントロールする電力を用い、そしてオーラを媒体として、肉体やその人自身の欲望やら魂の成長度などを外部に反映させるというわけです。

アストラル体（スピリチュアル体）は、最も高いエネルギー周波を持つエネルギー体です。このボディの範囲は非常に広範囲にわたります。エネルギー周波を人間はハイヤーセルフから受け取ります。

こうして受け取られたエネルギーは普遍的なものです。よって、ハイヤーセルフから受け取ったこのエネルギーは純粋なものです。

魂の成長とともに、アストラル体（スピリチュアル体）のオーラの層はどんどん広がります。アストラル体（スピリチュアル体）は通常、肉体から十八センチ離れていて、そこから十七センチの幅で広がります。神秘家の場合幅がもう少しあります。

人間は自己の存在の源や人生の目的といったものをこのボディを通じて概念化することができるのです。

アストラル体（スピリチュアル体）は、物質を形作った後、空間を占領しないでも存在できる管理能力を持っています。このおかげで、人間はこの世の法則や目的に適応しながら、その知識を実践に活かすにあたりいついかなるときでも計画通りにそれを肉体に実行させることができ、魂の移動が可能になるのです。

また、これを実行するとき、自らを分裂させることなく抽象的な形で存在し続けることのできる、永遠の意識を持つ高周波のボディがアストラル体なのです。最上級の輝きを持つ最強のエネルギーは、人間のアストラル体（スピリチュアル体）から入りこみます。

このエネルギーを他のより低次の層で利用可能な状態にするためにある種の変換作業が行われます。

人間の魂とは神的なものと人間的なものが合体したもの

アストラル体（スピリチュアル体）とは、ありとあらゆる声や情報をダイレクトに表面化させる場なのです。この宇宙の本質は魂であることをまずは認めるとして、これと物質主義とは正反対のものであることも確認しておきましょう。

アストラル体（スピリチュアル体）、すなわちボディの存在意義や宇宙の本質について、「神によって創造されたシステムである」と言ってみたところで、実のところそれは合成にすぎず、物質主義に対し、単に「この世は魂の本質である」という考えだけで対抗できるものではありません。

人の人生は、フィジカルや科学、力学的視点などで釈明できるものではありません。

アストラル体（スピリチュアル体）の存在は、神についての知識や解釈を私たちにもたらしてくれる進歩への道なのです。また、魂の拠点でもあり、真の宗教、（胡散臭《うさんくさ》さのない）哲学でもあり、信仰の基礎を成すボディでもあります。

私たちは物理的な世界において様々なことを経験し、様々な物の見方を獲得するため、様々な肉体やアイデンティティに身を包み、無数にこの世界で生まれ変わります（リインカネーション）。

過去生の人生における経験や学びは、私たちの肉体に刻まれていきます。しかし、物質主義においては魂の不死性は否定されます。魂は脳の活動の影のような存在で、脳の働きが止まればその身体においては存続できません。

人間の魂とは、メンタル体、エーテル体、肉体などが単体で存在しているのではなく、神的なものと人間的なものが合体したものなのです。元素やその他の諸物質が一つになって人工的に合成された物質を作り出すのです。

このようにして出来上がったものの総称が魂なのです。

この総合的なスピリチュアル的連結が弱まったとき、その人のアストラル体（スピリチュアル体）は弱体化します。それは、永遠のメンタル（精神）にスピリチュアル的栄養源が行きわたらなくなるからなのです。

人が自身のスピリチュアル的性質やスピリチュアルにとって必要な栄養源が何かわからなくなってしまったとき、アストラル体（スピリチュアル体）における病巣の進展をそれとは知らずに支えてしまうことになるのです。

アストラル体（スピリチュアル体）に生起する病気は、遅かれ早かれ下位のボディたちに伝播し、しまいには肉体にまで影響を与えることになってしまいます。この結果、オーラにはネガティブな色として発現します。

アストラル体のオーラの周波数は最も高い種類に入る

私たちが神への信仰心を切り結び、スピリチュアル層を広げることができるのもアストラル体（スピリチュアル体）のおかげです。アストラル体（スピリチュアル体）は、宇宙から受け取ったエネルギーによって栄養を摂取し、私たちの意識が高まれば高まるほどその形はオーバル型になり、次第にラウンド型へと変化します。アストラル体（スピリチュアル体）のオーラの周波数は最も高い種類のものです。

私たちの肉体は、ミリボルト単位の電気で動いています。その当然の結果として、私たちの肉体から波動（脳波）が生み出されます。専門家はこの波動（脳波）をそれぞれデルタ波、シータ波、アルファ波、ベータ波、ガンマ波と名付け、五つのグループに分けています。

デルタ波…睡眠中に現れる脳波。最も緩やかな脳派として知られている。四ヘルツ（睡眠中）。

テ　タ　波…主に寝入りばな現れる四〜七ヘルツの脳波で、デルタ波より少し早い。五〜六ヘルツ（うつらうつらしている時）。

アルファ波…一秒でおよそ十回の振動を起こす脳波。人間がリラックスした状態で現れる。十ヘルツ（平常時）。

ベータ波…人がストレスを感じた時に現れる脳波。一秒でおよそ十三—四十ヘルツ（不規則）。

ガンマ波…一秒で四十回の波動を起こす。

悟りを開いた賢者に相対したときに平安や光や愛を感じる

様々なエネルギーが色々に変化を遂げてエーテル体へと到達しエーテル体のエネルギーへと転換されます。このエネルギーは、肉体から発せられるエネルギーを含みながら、エーテル体の境界までの層を保護しています。

肉体から最も遠い場所にあるオーラ層こそが、アストラル体（スピリチュアル体）のオーフ層です。私たちは存在の源や、人生の目標、生きる意味をアストラル体（スピリチュアル体）を通じてのみ知ることができるのです。

私たちが自分自身をアストラル体（スピリチュアル体）の周波に解放したとき、私たちの人生は完全に新しい意味を持ち、より豊かなものとなります。

エネルギーは、各ボディの周波数や肉体を取り巻くオーラの幅を形成します。魂の成長度が高ければ高いほど、オーラの幅も広くなり、遠くからでもその人の存在を感じることができます。悟りを開いた賢者に相対したときに私たちが平安や光、愛を感じる理由はここにあります。

魂の状態に応じてオーラの色は変化します。アストラル体（スピリチュアル体）は人のトータル的な連結を形どっています。トータル的な連結が強力な人のアストラル体（スピリチュアル体）は健康的で、宇宙のエネルギーを最も効率よく吸収し他の各層へと伝達させます。

宇宙のエネルギーは、メンタル層である種の変換がおこなわれ、感情層では構造的な変貌を遂げ、しかるのちにエーテル体から各チャクラを通じて肉体へと入り込み、その人の生命のエネルギーとして取り込まれます。

しかし、このシステムがスムーズに行われるためには、まずもってアストラル体（スピリチュアル体）が健康な状態を保っていることが肝心です。

吸収されるエネルギーの質が人の一生を左右する

アストラル体（スピリチュアル体）の幅はその人の魂の成長度に応じているということは先ほども書きましたが、魂的に高い人のアストラル体（スピリチュアル体）は、何キロメートルも遠くまで広がることもあります。

アストラル体（スピリチュアル体）は自身の構造に最適な形で各種エネルギーを吸収し、各下部ボディへと伝えます。

アストラル体（スピリチュアル体）の発達レベルに応じて、吸収されるエネルギーの質もまた様々です。そして、このことがその人の一生を左右するのです。

明確な形を持たないアストラル体（スピリチュアル体）は、感情体のそれと同じオーラの色をしています。

通常は黄金色の周波ですが、さらに愛の色でもあるピンク系の薔薇色を含みます。人は恋をすると心臓にピンク系の薔薇色の光の運河のようなものができます。そして、普段は黄金色の周波の下垂体にピンク系の薔薇色の光が加えられるのです。

人間関係の発展に伴って各チャクラからコードが出て、それが互いに結び付き、複数のコードを形成します。この複数のコードは、各オーラの層を通過します。

人間関係が深まり長期化すると、これらの複数のコードも強化されどんどん増殖します。一方関係が終息するとこれらのコードは切れ、時にそれが人に大いなる痛みを与えます。

睡眠とは肉体が休息をとり再び活力を取り戻すためにある

アストラル体（スピリチュアル体）と連結している魂は、第三の魂である「移動する魂」で、肉体が覚せいしたときにこれに生を与える魂だということは、前述しました。また、「流れる魂」「魂の流れ」などとも言われます。肉体が眠りにつくと、「移動する魂」は目を覚まします。

「休息のため、あなたがたの睡眠を定めた」。聖なる書物である『クルアーン（コーラン）』第七十八章「消息章」第九節においてアッラーはそう告げています。

つまり、睡眠とは私たちにとっての安息であり、肉体が休息をとり再び活力を取り戻すため、そして肉体を強化するために与えられたものなのです。

とはいえ、単に肉体を休めるために睡眠があたえられたのではありません。瞑想したり、思考力を深めるためでもあるのです。

魂は肉体から離れても他の若い肉体の中で生を続ける

アストラル体（スピリチュアル体）は、人間の肉体から離れても何もかも覚えています。星たちの彼方の真実の知識、つまり、光の教師たちの教えは、通常アストラル体（スピリチュアル体）を通じて伝えられるのです。

魂の成長度の高いアストラル界で選ばれた人たちは、睡眠を取る必要を感じることなく、知識を得ることができるのです。

光の教師たちのアストラル体（スピリチュアル体）のオーラ、つまりは第三の魂である「移動する魂」のオーラは広範囲に渡って発光します。

人間の魂の成長度を最適な形で表しているからです。

アストラル体（スピリチュアル体）は不死の魂である「移動する魂」によって魂の移動を行います。

古代アトランティスの「魂の移動…実験センター」を創設したのは、アストラル体（スピリチュアル体）が高度に発達したマスター集団でした。ここでは、惑星内の様々な場所から集めてきた肉体をコピーして、その肉体の持っている知識やこの世の神秘の解読のための最も信用できる方式や学習システムが構築され、アトランティス人の生活にとって不可欠な要素として様々な研究が行われていました。

そもそも、魂の移動自体は、他の肉体の持つ知識を自身の肉体にコピーするために利用されていました。

また、老化したり不自由になってしまって使えなくなってしまった肉体を放棄し、他の若い肉体の中で生を続けるためにも行われてきました。

これら全てのことは、光の教師たちからの教えです。

六、エーテル・テンプレート

このボディは、肉体的段階の全フォームを一つのテンプレートとして含みます。いわば、写真のネガに似ています。肉体から十八センチから七十センチ離れたところにあります。病気によってエーテル体に支障をきたすと、エーテル・テンプレートはエーテル体を元通りにしようと補助します。

エーテル・テンプレートとは、声が物質を創造する場でもあります。

エーテル・テンプレートにおいては、ヒーリングで声を使用することで効果が得られるのです。神の存在を信じ、大きな声を出して祈りを捧げる人のオーラは、はっきりと見えるものなのです。

エーテル・テンプレートは、幸福、喉のチャクラ、命令系統の上部、神の命令とのより強い繋がり、会話、通信などを司るボディです。

七、天空体

私たちは、天空体のおかげで、霊的興奮を感じることができます。天空体は肉体から七十センチから九十センチ離れています。

通常、天空体に到達するには、瞑想状態に入る必要があります。

全宇宙との繋がりを認識し宇宙と「一つ」になり、全存在の光と愛が見えて、さらに光によって私たちが洗われ、光の存在に私たちが気づき、そして私たちが光そのものとなって初めて、私たちは天空体へ登りつめたと言うことができます。

天空体のオーラは輝くパステルカラーをしています。この輝きの中に力強い光の束があります。この世に存在する全てのものは、何事かを成しえるためにエネルギーを必要とします。

人間において天空体の持つエネルギーは、愛にまつわることに関してより影響を持っています。天空体と関連性のある第三の目のチャクラとハートのチャクラ間の連携がうまくいっていると、無償の愛が流れ始めます。

八、ケセリック体（コーザル体）

ケセリック体（コーザル体）は、その人が持つ宇宙のエネルギーを表層化させます。肉体との相性がよく、肉体を包んでいます。

本書の第十二章　人間の身体―この地球に酷似したもの―で言及したとおり、人間の知性には四種類あります。知性は、この地上で偉大なるアッラーの秩序のバランスを保つためのものであり、いわば、アッラーの天秤なのです。

知性は四種類の光から創造されました。それは、月の光、太陽の光、天の最上階である第七層にあると伝えられる被創造物のうちでも最も深遠なる知識に到達した最後の地点、存在世界の最上地点である「シドレトゥル・メンテハー」の光、そして、アルシュと呼ばれる宇宙を含むアッラーの支配する天上界の最上階である第九層の光の四つです。

この四種類の知性は、ケセリック体（コーザル体）と私たちが呼んでいる、頭部にあります。四種類の聖なる光から創造されたが故に、知性は人の頭上に君臨しているのです。物事に通じ知識を得たからこそ偉大であり、支配的な力を持っているのです。

人の心は知性のレベルに応じて、心の平安を得、不安や悲しみから遠ざかることができます。いわば、知性とは心の安定剤なのです。人間にこのように素晴らしい知性なる光を与え、これほどまでの奇跡をもたらし、これほどまでに良きもの、素晴らしいものを人間に恵んで下さったのは偉大なるアッラーのご加護であり、一方で人間にこれらが与えられたのは知性のおかげなのです。

また、心に知性の聖なる光を持つ人は、良き人、愛すべき人です。

ケセリック体（コーザル体）のオーラの層は広く外に向かって広がっています。このオーラの層が広ければ広いほど、その人はスピリチュアル的に発達しこの世界で解き放たれた人です。

知性の聖なる光を持たず、知性の示す道を歩もうとしない人に幸せなど訪れません。また、このような人には偉大なるアッラーの層での居場所もありません。オーラも外部に向かって発光せず、ぼんやりとしか見えません。


ケセリック体（コーザル体）は、霊的段階の精神面を司っています。肉体から九十センチから一二〇センチ離れています。神秘家の場合はもっと広く見えます。

意識レベルをケセリック体（コーザル体）まで広げることができれば、神の意図と私たちが一つになった言うことができます。

オーラの形は、頭のてっぺんから足に向けて、卵型をしています。ケセリック体（コーザル体）のオーラは、その人の前世に関する全てのボディのものを含んでいます。

また、ケセリック体（コーザル体）の卵の殻の中には過去生にまつわる一連の帯が存在します。これは、オーラを取り巻き卵の殻の表面上に存在しうる、カラフルな光の帯です。

首や肩の周りの光の帯は通常、その人が今生で何をするために生まれてきたのかや、過去生と関連する出来事を表しています。

スピリチュアル的に発達している人の場合、この光の帯が幾千もの黄金の光のように見えます。この黄金色のパワーの流れが脊椎から出て振動するごとに脳の力で肉体が持つエネルギーを運び、さらには各チャクラを通じて得られた様々なエネルギーを一つにします。

ここで再度確認しておきましょう。オーラとは、脳が発する電力のことです。

オーラの色についての解説

オーラはそれぞれに異なる波動を持っています。

人間性を高め、人を幸せにする純粋なオーラの色も、人の神経を逆なでする調和のとれていないオーラの色も、波動によってもたらされます。

オーラは、隣り合う色との調和の必要性を感知すると、それに波動を合わせようとします。ただし、何らかの不足が生じて適当な形で調和を保てない場合、その波動は好ましからぬ波動を生み出そうとします。

つまり、適当ではない波動が合わさると、オーラの基本色を脅かす、ということです。

藍色の潜在力…他人に対する責任感

藍色のオーラは労力を意味しますが、場合によっては思い通りにならない苛立ち、あるいは保護という意味を担っています。藍色は古くは植物のアイをその染料の原料に用いていたのですが、現在では化学合成されていています。

オーラの色としては、スピリチュアル的な意味で頂点に達した人に見られる色です。この色は、スピリチュアルの世界の色と言うことができます。それはつまり、魂とは無限であり、青い色というのは私たちの世界でも最高の色だということなのです。

宗教的使命を背負った人、あるいは何らかの教えを人々に広める任務にある人、ある思想や国のために自己を捧げる人といった、何らかの使命を負った伝道者ともいえる人々に繁茂に見られる色です。また、不正に頭を垂れることなく、あらゆる公的権力や支配的イデオロギー、嘘偽りや無関心、偶像崇拝や迷信などに対し、毅然として立ち向かう知識人タイプの人のオーラにも藍色はよく見えることがあります。

エーテルの青色（アストラル界の元素とみなされていた色）の潜在力…変動性

正しいトーンで見えれば、この色は素晴らしい色です。「エーテルの青」と言われるこの色の名前は、かつて宇宙空間を満たす元素として信じられていた「エーテル」という物質に由来します。

薪火の青、葉巻タバコから出る青い煙がそれに近い色ですが、輝きのある形で見える青色の場合は、その人が健康体であることを表しています。

くすんだ青色は、その人の躊躇する心や、頭をフルに使うことができずにいる人や、一歩を踏み出すために背中を押してもらう必要を感じている人に見える色です。

青色が濃く紺色に近い場合は、その人は何事かに努力し邁進し前進している人です。さらにもっと濃い紺なら、人生の使命に燃え、その使命故に満足を覚えている人です。灰色が混ざった青色のオーラは、死の病を表象しています。

自然界には青色の食べ物というものはほとんど存在しません。

注意していただきたいのは、青色と赤色が隣り合って見えるなどとうそぶく人の話です。信じてはいけません。完全な嘘です。この二色が同時に隣り合わせで見えるということはありえません。

しかし、その人がどれぐらい黄色のオーラのパワーを持っているかは、青のオーラの濃度で測ることは可能です。

赤色の潜在力…指導力

赤は活き活きとしたダイナミックさ、身体的な意味での勢い、内面的には何事も最後までやり遂げる不屈の精神と決断力を表しています。また、命令的な態度の人に見られます。

真っ赤な赤色は、リーダーシップを確固たるものにしている人物に見られるオーラの色です。

血液の赤色は人生を表します。血液は人の身体の中を流れ、血管を通じて身体中に情報を伝達します。この色はポジティブな場合でもネガティブな場合であっても、セックスについてのその人の考えを反映しています。

有能な警視、司令官、指導者のオーラには、肩や頭に近い部分に光沢のある赤色が見えます。もし、赤色のオーラの淵が光っているならば、その人は善のために闘う戦士であり、常に他者に手を差し伸べようとする人であることを示しています。二国間あるいは二者の間の和解のために陣頭に立つ人にこの色のオーラが見られます。

茶色がかった赤色のオーラを発している人は、何事にも首を突っ込みたがり、物事をひっかきまわしてしまう、倫理観に乏しい人に見られます。

体内の臓器が発する赤く光るリボン状のオーラは、その人の臓器の健康状態の良好さを表していま す。また、それと同時に意思の強さも表しています。いわゆる世界の指導者にときどき見られるオーラです。

もし、汚い色の赤色のオーラが見える場合は、その人が信用できない人物であり、藪から棒に周囲に攻撃的な態度を取る人物だということを表しています。肩や腕、背中などに現れます。

泥水のように濁っている赤色のオーラや、濃すぎていい色には見えない赤色のオーラは、攻撃的で信用がおけず、裏切り者で喧嘩早く、周囲に害を及ぼすことにかけては右に出る者がいないタイプの人に見られます。

薄い赤色のオーラは、神経的に破壊されており、決して変容することのない人物に見られます。いわゆる、神経病の人です。

赤がまだらに見えるオーラは、一般的には殺人者や暴力団員に見られます。

火の赤に似たオーラは、イライラして落ち着きがなく、バランスを書いた自分勝手な人に見られます。

薄い赤色や茶色っぽい赤色のオーラが体の臓器のある場所に矢が刺さったように見える場合は、その臓器が癌に冒されていることを示しています。つまり、ある臓器が初期の癌に冒されているかどうかを、このオーラの色が私たちに教えてくれるのです。治療のための一歩を踏み出さなければ、身体に害が及ぶかもしれないというメッセージを伝えてくれています。

稲妻状の赤色の中に斑点の見えるオーラが顎に見えるときは、かなりの程度進行した虫歯があることを示しています。例えば、ある子どもが歯が痛いと言っているとします。その子のオーラが茶色く見える場合は、その子は歯医者に行くのを怖がっているということです。

クリーム色の混ざった深紅色のオーラは、自信過剰な人物に見られます。この人はわがままで自己愛の強い人間です。うわべだけの偽物のプライドの色です。

もしこのクリーム色の混ざった深紅色が女性の臀部に見えた場合は、その女性が金銭の対価として自分の身体を売っていることを示しています。性産業の分野で働くことで生活費を賄っている女性の臀部には、このクリーム色の混ざった深紅色のオーラがはっきりと表れます。

これらの女性にとっては、セックスこそが第一の要素なのです。性産業に従事する男性や、ホモセクシュアルの人たちの臀部にも見られます。この人たちのプライドは、決して変わることがないということを覚えておいたほうがよいでしょう。

マットな赤色やその上にピンクの塊が見えるオーラは、その人が大人になりきれていない人であることを示しています。マットな赤色の上にかぶさって見えるピンクは、通常単にピンクに見えます。

この色は、大人になりきれていない子どもっぽさや、その人がまだ信用に値しないことを示しています。

赤茶色（レバー色）のオーラを発する人と友達になってしまった場合、その人が原因で起きる問題に耐えきることは困難ですから、逃げたほうが得策でしょう。

赤茶色（レバー色）のオーラがもし身体の重要な器官の上に見えるようであれば、その人の死期が近いことを示しています。

胸部に見える赤色のオーラは、その人が神経質になっていることを示しています。自分をコントロールする術を覚えたほうがよいでしょう。

藍色・スミレ色・紫色の潜在力…魂と知識の発達

この三色のオーラは互いに混ざり合って結びついて存在しているため、ここではこの三色を一つのカテゴリーとして説明しようと思います。

赤色と青色の混ざった紫色・スミレ色のオーラというのは、大変高貴なスピリチュアル的な目標や精神力のシンボルなのです。とても位の高いところまでのぼりつめた魂の持主のオーラは、スミレ色がよく見えます。

足元の色がスミレ色や紫色のオーラを発している人は、魂を発展させることに一生を捧げるでしょう。悟りが深まり、知識が増すごとに、その人のオーラも広がり輝きを増します。

紫色やスミレ色は高貴な人格や王族の色としてもてはやされてきた通り、絶縁体や清浄機としての機能を果たします。

類似色は他にないため、常にオーラとして見える色ではありません。紫系の色は天上界を反射する色であり、スピリチュアルの専門家たちのオーラにのみ見られる色です。

光輝く紫色のオーラは、魂の位の高さや生命力、ライラック系の紫が濃くなればなるほどに、その人の慈悲の深さや無私無欲な人格を表しています。

スピリチュアルの専門家がポジティブな方向に専門性を高めていけばいくほど、光を用いて全オーラを満たし、そうやって自分自身の存在を相手に感じさせるのです。

この色がネガティブな意味を持つ場合もあります。人から見ると醜悪でしかないそれは、自分が立派な人物であると見せようとする態度をとる人に見られます。

藍色（スミレ色・紫色と混ざり合っている藍色）のオーラを持つ人は、他人から情けをかけられることを異様なまでに欲しています。他人に依存する傾向があります。また、敬虔《けいけん》であることを公言し、深い宗教的信仰心をも持ち合わせてもいます。

また、藍色のオーラを持つ人は、あたかも自分が重要な人物であるかのように見られたいと思っている人です。つまり、敬虔な信徒であるとか信仰心が深いと公言する人で、この色のオーラがない人は、実際のところ信仰心などない、ということです。

また、このような人は、他者に対して慈悲深く振る舞うことが苦手な人で、他人に対して不信感を抱いてしまう人です。要するに、藍色のオーラは、その人の信仰心の有無を証明する色なのです。

藍色・スミレ色・紫色のオーラを持つ人は、騙されやすく傷つきやすい人です。世界中が自分のことを悪く思っていると考えてしまうタイプの人です。また、飽くことなき性的刺激を求めているか、潜在意識の中ではセックスに対して恐怖を覚えている人です。このことが健全な人間関係を築けない要因となっています。

もし、際立ったスミレ色のオーラの中にピンク系の斑点があれば、その人は神経過敏である一方で、言動が下品でもあります。

特に、専制君主的な人物のもとで暮らしている人に、藍色のオーラの中にピンクのしみが見えるのは、その人が常に人から軽んじられているからです。オーラの純粋さが破壊されてしまっているのです。このオーラの持ち主は、大変内気で他の人からどう見られているかを恐れている人です。また、計画を立てるということができません。オーガナイザーとしては最悪です。とても丁寧で物事を滞りなく行えるにも拘わらず、将来を見通した計画を立てることができず、現在進行形の問題にどっぷりつかってしまいます。

藍色・スミレ色・紫色のオーラを持つ人は、呼吸器系と胃に問題を抱えています。

灰色・銀色の潜在力…平凡さ

灰色のオーラを持つ人は、十分な損得勘定をした上で最後の最後まで決して自分を見せない人です。もし、あなたがオーラを見た相手が大人に成り切れていない人の場合、幅の広い帯状の灰色のオーラか、灰色のドットが見えます。

もっとも、十分に成長した人物のオーラを見るような機会などそうあるものではありませんが。

濃い鉛色のトーンをした灰色のオーラは、一般的にはその人の性格的な弱さや不健康さを表します。もし、特定の器官に集中して灰色のオーラが見える場合は、きちんと治療をしないと死に至る病になりかねません。

銀色がかった灰色のオーラには滅多にお目にかかることはありません。この色のオーラを持つ人は、かなりの夢想家で、随分大それた考えの持ち主です。また残念なことに、その夢が実現することはありません。それは、夢を実現させるための十分な動機が存在しないからです。

また、この色は停滞や不振、ありきたりな性格などを表しています。肉体的な意味での停滞や不振の兆候であると同時に、多くの場合病気によってもたらされる活力のなさを表してもいます。

濃い鉛色のトーンをした灰色のオーラは、恐怖や混乱、さらには病気をもたらしかねないほどの悲観的な様子を意味しています。もしこの色のオーラが見えた場合は、その人が信用のならない嘘つきであることを表しています。

ただし、一旦強い動機に突き動かされるような幸運を手にしたとたん、この手の人の邁進《まいしん》ぶりは喜ばしい成功をもたらす可能性があります。このようなことは、神の存在を信じて辛抱強く自身を変容させることで可能となります。

オレンジ色の潜在力…調和とコラボレーション

オレンジ色が好かれるのは、太陽の色だからです。太陽は生きる力を表します。オレンジ色は赤系統の色なのですが、ここでは赤とは別の色として識別したいと思います。

オレンジ色のオーラは、基本的にいい色だと言えます。オーラにおけるオレンジ色は、他者に対する敬意を忘れない人物であることを表します。オレンジ色のオーラを持つ人は人間的であり、最も優れた点は他者に対する手助けを惜しまないところです。

黄色がかったオレンジ色のオーラを持つ人は、自制心があり様々な美徳を備えた人物であることを表していることから、是非身につけたいオーラの色です。

茶色がかったオレンジ色のオーラは、少々不注意なところがあり、怠惰《たいだ》な心を抑えつけている人だということを表しています。また、この色は腎臓関係の問題を表象する色でもあります。

もし腎臓のある箇所に茶色がかったオレンジ色のオーラが見えて、なおかつその中に灰色のとんがった影がある場合は、腎臓結石が始まっていることを示しています。

緑色の強いオレンジ色のオーラを持つ人は、その人が喧嘩をふっかけるタイプの人間であることを表しています。あまり一緒に仕事したくないタイプの人です。また、想像力が足りないので、意見の違いを強調し、無知で理解力に乏しい人です。喧嘩早く敵対心丸出しで、他者に対する思いやりを示すということができないタイプの人です。

濃いオレンジ色のオーラを持つ人は、通常直感が鋭く人に触れるのが好きで、とても接しやすいタイプの人です。この人と一緒にいる人は、とても居心地良く感じることでしょう。思考力があり実際的で、地に足がついたタイプの人です。濃いオレンジ色が透き通って見える人は、溢れんばかりの潜在能力と活力がある人です。

オレンジ色がマイナスの意味を持ってくるのは、赤色のトーンが増した時です。自己中心主義的なエゴイストになっていることを示しています。また、怠惰であることを意にも介さない態度の表れでもあります。

黄金色の潜在力…無限

黄金色のオーラは、その人がスピリチュアルな才能の持ち主であることを表しています。歴史上存在した全ての預言者と聖人は、上から下まで広範囲にわたって一点の曇りもない黄金色のオーラを持っていました。

黄金色はオーラの基本色として最もパワフルな色です。この色のオーラの持ち主には、大規模なプロジェクトやこうと決めたことを必ずや成し遂げるだけの力が与えられています。

また、カリスマ性に富み、大変な働き者で忍耐強く、目標に向かって邁進します。人生最大の成功は晩年になってからおさめる、大器晩成型でもありますが、必ずや目的を達成します。

それもそのはず、黄金色のオーラの持ち主は、生まれてから死ぬまでの間、アストラルの世界との関係が切れることがないからです。

また、偉大な聖人やアストラル界によって選ばれ、教育を受けた人の後頭部にも、黄金色のオーラの輪が見られます。この輪っかの形をしたオーラは、その人の周囲の人よりもスピリチュアル的に成熟した、リーダー的素質のある人に見られます。

後頭部に黄金色のオーラの輪がある人は、将来大国のリーダとして大変な発言力を持って、歴史にその名を刻む人物となる場合もあります。本人が欲しなくても周囲がその人を選びます。極めて困難な状況下で人々から選ばれるでしょう。

この人の信念の基礎は神にあります。神の存在を信じない人に、リーダーのシンボルである黄金色のオーラの輪は決して見えません。
宗教的に熱心であることが条件なのではありません。
これらの人たちは、人々のために自分を捧げることができる人たちです。
この黄金色のオーラの輪には、様々な意味があります。防衛も保護も、悪との闘いも、一度に成し遂げることのシンボルでもあります。

黄金色のオーラの持ち主は、スピリチュアル的、倫理的に大変優れた人物です。一方、かすかに黄色が見える程度のオーラの持ち主は、臆病で引っ込み思案な人ですが、いわゆる普通の黄色いオーラは想像力豊かで信頼のおける人物であることを示しています。

人は誰でも子どもの頃にこの輝く黄色のオーラを持っていました。澄んだ心と正しい考えを持ち続けられれば、このオーラの色を保ち続けることができます。

オーラの基本色が黄色の人は、興奮しやすく移り気で意欲的な人です。頭の回転が速く、人を楽しませることが大好きです。外向的でおしゃべりが大好き、どんなテーマでも話題を提供することができる人です。

黄金色に近い輝きのある黄色のオーラは、知能の向上とスピリチュアル的に浄化されていっていることを示しています。

濁った黄色のオーラの持ち主は、本物の悪人です。また、あらゆることに恐怖を感じてもいます。
赤みがかった黄色のオーラは、精神的、倫理的、肉体的な内気さを表しています。このような人は、スピリチュアル的な視点が足りず、自分自身を含めて周りの人のことを信じていません。また、転職が多いのもこのオーラの持ち主の特徴です。すぐに結果が出るものを好みます。

霧がかかったような、あるいは泥が混ざったような黄色のオーラの持ち主は、ずる賢く貪欲で、自己中心的なエゴイストです。ついでに、性格は気弱で嘘をつく傾向まであります。

赤、黄色、茶系の赤が同時に表れるオーラの持ち主は、大変喧嘩早い傾向があると同時に、自分を低く見るコンプレックスの持ち主でもあります。

茶系の黄色いオーラの持ち主は、ネガティブこの上ない思考の持ち主で、スピリチュアル的にまったく成長していません。覚せい剤使用者やアルコール中毒症、安定剤などの強い薬を服用している人に、この色のオーラが見られます。茶系、黄色、レモン色に近い緑色が同時に表れるオーラは、自らの過ちを知っている場合でもそうでない場合であっても、過ちから逃れられません。時にこのオーラの持ち主は自殺までいきつく場合があります。

緑系の黄色いオーラは脾臓と肝臓が弱まって病気になっていることを示しています。もしこのオーラの色が茶系と赤系を含んだ黄色に変化するようなことがあれば、それは社会的な病である「引きこもり」状態に陥ることを示しています。

社会的な問題を抱え続けている人の臀部周辺には、濃い黄色やこげ茶色のリボン状あるいは帯状のオーラが見られます。これらの色のオーラの中に砂のようなブツブツした赤系の染みのようなオーラが見られた場合、その人が精神的な問題を抱えていることを表しています。

半分が青系の黄色、もう半分が茶系あるいは緑系の黄色のオーラが見られる人は二重人格であり、精神病が相当程度に進行していることを表しています。

緑色の潜在力…ヒーリング

緑色のオーラは、回復、教育、肉体的な成長を表す色です。有能な外科医のオーラは緑色をしていて、さらに赤色のオーラに囲まれています。この二色のオーラの相性は抜群によいのです。赤と緑という色は全く調和しない色に思えるかもしれませんが、オーラの色としては最高に喜ばしい組み合わせなのです。

バランス性の色でもある緑色は、心を反映する色でもあります。エメラルド色のトーンを帯びた緑色のオーラは、ヒーリングを表しています。エメラルド系の緑色のオーラの持ち主は、ヒーラーとしての才能があり、その分野で活躍していること、あるいはその分野に関わっている人であることを表しています。

赤と緑が同時に見える場合は、その人が大変優秀な外科医、あるいは研究者としても非常に優れていることを示しています。単独で緑色のオーラの場合は、その人が職業を熟知したとても尊敬される医者であること、あるいは人間や動物の健康に携わる医療従事者であることを示しています。

また、植木や園芸関係の仕事についている人にも緑色のオーラが見られます。外科医に限らず、生きとし生ける全ての者・物に携わる人に、緑色のオーラは見られます。

調和のとれた青色と緑色のリボン状のオーラ、あるいは青い渦巻きを含むオーラ、青（ただし電気の青）と緑がほとんどを占めるオーラの中に黄金色の帯状のオーラがある場合、その人が教鞭を取るにあたり必要な霊的認識力を兼ね備えていること、教え子に対して心の底から教えようとする教師であることを表しています。

緑色は他の色を抑圧しない色なので、常に他の色に奉仕し役に立つ色です。オーラの色として多く緑色を含む場合、その人は心の友であり、人助けが好きで、思いやりにあふれた尊敬すべきナチュラルな性格であることを表しています。

黄色系の緑のオーラは詐欺師に見られるオーラの色です。黄色のオーラの中にレモン色系の緑色が見られる場合、その人は人を実にうまく騙す才能があるということを示しています。

緑色のオーラの青系の色合いが強まれば強まるほど、その青が空色よりも電気の青であればなおさらのこと、その人は信用のおける人物であることを示しています。

どのレベルの薄い緑色も、平和的な性格や親睦性、親しみやすい性格などを表していると同時に、必要とあらばとんでもなく頑固になりうる性格であることも表しています。

ネガティブなほうの意味としては、過度な我がまま、まさにエゴイストさの表れでもあります。濁った緑ややものかかった緑色のオーラは、権謀術数を駆使する貪欲な性格を表しています。緑色のオーラが茶系のトーンを帯びたときは、ジェラシーの予兆です。このようなネガティブな側面が表面化するのは、その人の頑固さが原因で柔軟に振る舞うことができないからなのです。

ピンクの潜在力…金銭的・物理的成功

ピンク色のオーラには注意しましょう。ピンク色のオーラは、その人が信頼のおけない人物であり、物理的なものを重要視するため、簡単に心変わりをする可能性があることを示唆しています。

ザクロに似たピンク色のオーラは、頑固で意思の強い人の基本色です。この手の人たちの板状のオーラは高くそびえており、ゆるぎない信念に基づいて目的のために邁進します。

この人たちが、権力と責任を伴うポジションに登りつめるのは、決して偶然ではありません。本当は心の奥深くに、謙遜、冷静、たっぷりの愛情、親切心、思いやりの心を持っています。愛する人たちに囲まれると、とても幸せを感じます。

赤色に淵どられたピンク色のオーラは、本物の恋を象徴しています。

第十八章　アストラル界とは何か

生後に起こるあらゆる出来事が運命として記される

霊的進化を遂げ、神に自らを捧げ、人類に奉仕するガイドとして神に不死性を与えられた光の教師たちや聖人たちにとって、この世とは宇宙時間で生を保つための場です。アストラル界のガイドたちは神秘的な力を持ち、思考の形によって実に多くのことを成し遂げることができます。

この世に生きる全生命は、生まれる前にアストラル界で自らの人生を選び取り、あらかじめ自分の生後の在り様を決めています。

胎児として母親の胎内にいるときに二人の天使によって良いことも悪いことも、生後に起こるあらゆる出来事が運命として記されます。

人間はこの世という舞台に生を受けると、様々なことを学びとっていきます。人間はもれなく全員、睡眠中にアストラル界に連れていかれ、そこで様々な教えを受けます。ただ、この世に戻ったときにそのことを忘れてしまうだけです。

そして、必要な時が来ればアストラル界で学んだことを応用できるようになる仕組みになっています。

アストラル界層は、あらゆる思考をキャッチし、またそれを保持できるほどに巨大な精神的ネットワークです。これは、この世を包み込み、そしてキャッチした思考を拡散させる場でもあります。

アストラル界での教えの内容は、全生命体の全ての思考、記憶、ファンタジー、夢など、この世のマインドの集合体である意識によって作られたものです。アストラル界層で形成された被形成物は、その複雑さや安定性は、アストラル界で知識を身に付けた後にその人自身が創造する精神力と密に関係してきます。

精神というレンズで焦点を絞ると思考が一瞬にして現れる

アストラル界層は、アストラル界を形成する各種の材料（つまり、アストラル界で目に見えるもの、知覚されるもの）で形成されています。これを「精神的な材料」として形容することも可能です。

それは、思考に対して大変敏感で、あらゆる形に変形可能です。形成されたそれはあまりにも巧妙によくできているので、リアルなものと区別することもできません。この形成物を見つけた時、人はそれを、かつてアストラル界という場で見た覚えがある、ということに気がつくはずです。

精神的な材料について説明しようとするなら、一番いい方法は、アストラル界を形成する各種の材料を、写真の機能と比較することです。

写真は、対象に焦点を当てたレンズを通してフィルムに光を当てるとフィルムと光が化学反応を起こし、映像が一瞬にしてフィルムの中に映し出されるようになっています。

アストラル界を形成する各種材料もまた、精神というレンズで焦点を絞ると、アストラル界を形成する各種材料と思考が一種の化学反応を起こし、そのおかげで映像が一瞬にして現れる、という寸法です。

前述した通り、アストラル界層で形成されたどんな被形成物も、その複雑さや安定性は、アストラル界で知識を身に付けた後にその人自身が創造する精神力と密に関係してきます。

全方向を見ることのできる球形の視野を持つ

新しい教えがアストラル界に現れ始めるとき、古い教えは徐々に記憶力と精神力によって解きほぐされていきます。一人の人間がアストラル界で得た知識によって自分をどれぐらい成長させられるかは、大抵の場合その人がどれだけ注目されているかに関係してきます。

今現在あなたの周囲で起きている様々な出来事について、アストラル界の視点から見てみたいと思うなら、球形の視界を理解することが大変重要となってきます。

球形の視界を持つとは、上下左右前後三六〇度全てを同時に見ることができる多角的かつ巨大な目を所有することに似ています。

人間の肉体は二二〇度の視界を持っています。つまり、前あるいは後ろだけを見ているつもりでも、同時に上や下も視界に入ってきている、ということです。アストラル体においては三六〇度を超える視界を持っており、同時に全方向を見ることが可能です。これが、球形の視界と私が呼ぶものです。

人間にとって善である教えだけが授けられる

アストラル界層であなたが見る全ては、そのまま精神によって認識されます。映像がその真実を精神によって意識的に認識するとき、潜在意識がその一部分あるいは全部を反転させたり、あるいは壊したりすることはよくあることです。

要するに、教えを受けた瞬間にそれを破壊してしまう人もいる、ということです。

アストラル体が魂と肉体の仲介役を果たすように、アストラル界もまた人間と人間がその存在を継続させ続けているこの世界を繋ぐ役割を果たしています。

アストラル界では人間にとって善である教えだけが授けられます。

アストラル界では、人間がこの世で耳にすることが不可能な、一種のメロディーにも似た音を聴くことができます。

アストラル体には肉体のような感覚器官は一切ありません。アストラル体における私たちの目は、宇宙に漏れる肉体のない意識の一点のようなものにすぎません。

同時に、引力やその他の肉体を縛り付ける様々な法則にも、アストラル界では縛られることがありません。ですから、上下や前後、左右といった概念すらありません。

アストラル界独自の神が創造した法がある

アストラル界にもアストラル界独自の神が創造した法というものがあります。

アストラル界で位の高いとされている存在と交信することは、通常の人生を送っている場合大変困難です。ほぼ不可能と言っていいかもしれません。

なぜなら、アストラル界における宇宙の法によれば、人はまずガイド役の存在に気がつく必要があり、さらに気がつくだけではなく、意識的に知っていく努力をすることが重要となるからです。

さもなければ、アストラル界へ入るためには、よほどの幸運に恵まれるか、アストラル界によって選ばれるかのいずれかの条件が必要となります。

アストラル界に選ばれた人は、神秘家として生きていくことになります。神秘家の真の意味とは、そういうことなのです。アストラル界によって選ばれ神秘家として生きていくことを定められた者は、魂も肉体も生ある間、誠実でいる限りにおいて、アストラル界の位の高いガイドたちと連携をとっていきます。

アストラル界から受ける教えは、普通の人間たちのそれとは異なったものになります。睡眠中にアストラル界に連れて行かれる必要もなくなるので、目覚めている間にメッセージを受け取ったり、ガイドたちの姿を見たり話をしたりすることもできます。もちろん、それは必要があるときに限ります。

たとえアストラル界によって選ばれたとしても、十分に成長し進化しない人がコントロール能力を行使することは適いません。

星たちの世界と連絡を取り続ける

人間の肉体に宿る魂はこの世に来るために肉体に入り込みましたが、アストラル体という衣服を纏ったことで、星たちの世界と連絡を取り続けることができます。

魂の命令下にある普遍的本質は、宿った先の人間が進化を遂げるに従い増幅し拡散することができます。

つまり、アストラル体は魂と肉体から出ることができるのです。

そのためには天上からと地底から二種類の影響を受ける必要があります。天上からもたらされる神の愛を通じて人間の持つ力にプラスに作用します。

一方、地底からもたらされる野望、恨み、エゴイズム、利己主義、激しい悲嘆は、人間にとってマイナスの方向に作用します。このマイナスの作用は、アストラル体を下の方へ、そして私たち自身を物質へと接近させる部分です。

人間の過去生についての記録のコピーが存在する

このようにして、アストラル体は広がり、濃くなり、人間をあらゆる自然と通じさせるのです。アストラル体が成長することができるのは、天上にいる神への信仰心と愛によってであり、その意味でアストラル体は欲望のボディなのです。あらゆる欲望は肉体が伝えてくれます。

アストラル界における私たちの知識を、私たちの肉体のうちに存在する灰色の細胞に伝えるのもまた、アストラル体なのです。

アストラル界には人間の過去生についての記録のコピーが存在します。私たちの世界にも同じものがあります。潜在意識がオープンで魂的に進化した人たちは、アストラル体のおかげで、このコピーを繰り返し見ることができます。

アストラル体の機能とは、魂が物質に対して効力を発揮するため、生体電気の神経の力と流動的な瞬間を供給することです。

魂にも肉体にも利用価値のある普遍的な道具

人間の肉体のうち、記憶の倉庫の役割を果たすのは潜在意識です。

そして、視床下部と下垂体は肉体の中にあって肉体をコントロールし、柔軟にする役割を果たしています。アストラル体（スピリチュアル体）、つまり不死の魂には、人間の過去生についての教えと情報が詰まっています。

視床下部と下垂体という小さな二つの腺のおかげで潜在意識が開き、そうなって初めて人は過去生についての情報を得ることができるのです。この二つの小さな腺こそが、人間の肉体を柔軟化させてくれるのです。

高みにまで上り進化した人のアストラル体は、体内の各種器官に対し働きかけ、各自の機能をきちんと果たすよう配備し、それぞれの器官の働きをスムーズにします。

アストラル体は、魂にとっても肉体にとっても、いずれも利用価値のある普遍的な道具なのです。アストラル体は意識的に自ら進んで外部へ飛び出し、そうして潜在意識が開かれます。

アストラル界において私たちの灰色の細胞に複写された情報は、視床下部と下垂体という小さな二つの腺の細胞に集められ、アストラル体（スピリチュアル体）を通じて感じることができます。

さらに、魂の目を通じて見ることで、私たちの肉体はあらゆるものを見ることができるのです。潜在意識や魂の目、あるいは肉体で見る、というのはこういうことなのです。上記の方法によって、アカシックレコードを読み解いたり、オーラを見たりすることもできます。

宇宙時間こそが真の時間

アストラル界からの教えのポジの部分は、教えを授かった人の元にとどまり、ネガ、つまりコピーの部分は永遠にアストラル界にとどまり続けます。

アストラル界の宇宙的な神聖なる存在は、神の示した道に従い私たちの世界や他の惑星に奉仕してくれおり、宇宙が害を受けうる全ての可能性に反対の立場を貫きます。

この世は神の神殿であり、神は全知です。

アストラル界の神聖なる不死のガイドたちもまた、神の法のもとで私たちの世界や他の惑星をコントロールしています。

アストラル界とは、天国でも地獄でもありません。従って、死んだら誰もが行ける場所というわけでもありません。

アストラル界は、真の人生において高い進化を遂げた人、神によって不死性を与えられた光の教師たち（預言者たちや聖人たち）のための、教えの場なのです。アストラル界は宇宙時間によって存在します。宇宙時間こそが、真の時間なのです。

神を信じる者だけが純粋なエネルギーを持ち続けていられる

とても稀なことですが、アストラル界に足を踏み入れることを許された選ばれた人の中で、魂としてではなく肉体を持ったままで旅をする人もいます。

読者の方の中には、次のような疑問を抱く方がいるかもしれません。

アストラル界で最高の教えを授けられるなら、なぜ人は人生において様々な問題に直面するのか、どうして望んだ通りの結果を得られないのか、と。

人間は確かに自分の人生として最高のものを選び、最高の教えをアストラル界で授かるかもしれません。でも、忘れてはならないのは、人間はこの世界において純粋なエネルギーとだけ生きることは適わない、ということです。

それぞれの状況に応じて周囲の様々なエネルギーにさらされながら生きているのが私たちです。残念ながら、様々な理由によって人間の純粋なエネルギーは失われてしまいます。

純粋なエネルギーを失わずにいられるのは、神秘の力を持つガイドたちによって選ばれた人たちです。真の神の道を見つけ、神を信じる者だけが、純粋なエネルギーを変わらずに持ち続けていられるのです。

あとがきにかえて

私は一九六五年四月十日にトルコの地中海地方に位置するアンタルヤ県で生まれました。私の生家はアンタルヤの中心部から一二〇キロ離れたエルマル郡からさらに十三キロ離れた、それはそれは小さな村にあります。

私の乳児期に起きた決定的な出来事について、ここで紹介しようと思います。

私が一歳を過ぎた頃のこと、私たちのすぐ隣の家に住む母方の伯父の妻が発狂し、寝ている私の頭を薪で殴るという事件が起きました。

私の母はこれにショックを受け、伯父の妻に襲いかかりました。血だらけになっている私の手当をするより先に、二人の女は戦争が勃発したかのような激しさで喧嘩を始めたのです。母も他の人たちもぐったりした私の状態を見て、てっきり死んだものと思ったのです。

当時、私の村には診療所一つありませんでした。村にはガスでのろのろと動く古びたトラクターが三台だけありました。そのうちの一台は母方の親戚が所有しているものだったので、私は母に抱かれてそのトラクターで十三キロの道のりのエルマルの町まで連れて行かれました。

当時エルマルの町一番の名医で人々の信頼も篤かったネジデット医師のところへ私は連れて行

かれました。ある人から聞いた話によると、ネジデット医師はスイスで医学を学んだそうで、それで自宅も診療所もスイス風の建物だったそうです。

さて、ネジデット医師は私を診察し、すでに死んでいると告げました。ところが、私の頭上に空いた穴から脳につつき刺さった木の棘《とげ》を鋏《はさみ》で引っ張り出した時、私は声を上げたのだそうです。

実はこのとき、神の許しを得て新しい魂が肉体に入り込んだのです。それが今私という人間として生きているのです。

この出来事は、以前からすでに定められていた出来事なのですが、その瞬間こそが適切と見なされたのです。これは、本書でも触れた「魂の移動」です。本書で書いた通り、アストラル界の助けがあって実現したことです。魂の移動についての説明は、また別の機会に別の本の中で読者の皆さんにお話しししたいと思っています。もちろん、その許しが与えられれば、ですが。

死んだはずの子どもの声を聞いたネジデット医師は、「この子が生きているというならアッラーに二頭の羊を捧げ、貧しい人たちに配ってもいい」と宣言します。私の父もまた、二頭の山羊を捧げると言い、村に戻ると山羊を犠牲として屠り、人々に配りました。

私の幼少時代は家庭の事情により非常に混乱した複雑なものでした。小学三年生の時、私は靴磨きの仕事をしていました。私はその時、働くことは恥ではないということを学びました。

十四歳になった中学の最終学年の時、自分だけの力でエルマルの町のからアンタルヤの学校に進学することを決意し、実家を離れました。これが別れの始まりでした。それからというもの私はトルコや海外各地の様々な土地で働きました。時には人から騙されることもありましたし、中傷されることもありました。それは、トルコに限らず海外でもそうでした。

私はこれまでありとあらゆる悪と闘い抜いてきました。私が自分に正義があると信じたときは、誰も私に適う者はいません。それもこれも、アッラーの手助けと光の教師たちのおかげです。

宗教的な知識についていえば、私の国では子どものころにほとんどの子どもが宗教の教えを受けますが、私は学校でも学校の外でも宗教教育を受けませんでした。でも、アッラーへの信仰心や祈りを心の中で欠かしたことはありませんでした。今では誰も知らない祈りの言葉を知るに至りました。そして、私のところを訪れる人たちにも、この祈りの言葉を伝えるようにしています。

贅沢な暮しというものに対するあこがれは抱いたことがありません。飽くことなく働き続けました。

人は誰でも赤い血が流れています。ですから、誰にでも分け隔てなく救いの手を差し伸べてきました。分け隔てようがないからです。

これまで多くの国に行きましたが、どこの国もそこが故郷であるかのように愛しました。一時期、十七年間もの間祖国トルコへ戻りませんでした。全ての人類に与えられた地球上のどの場所も、神の神殿であることを知りました。どこで生まれたかは関係ありません。

これまでに様々な人たちと知り合う機会を得ました。中には麻薬や詐欺といったことに手を染めるような不道徳な人たちもおり、仲間になるよう誘われたこともありました。でもそのような誘いに乗るぐらいなら、私は損をする道を選びました。このような人たちのせいで多大な時間と多くのお金を無駄にしましたが、そのために感じる痛みはほんの一瞬です。もし不道徳な誘いに応じていれば、良心の呵責に一生さいなまれであろうことを私は知っていました。

私を愛してくれる人のことを、私はその人が私を想うより多く愛します。でもその感情を表に出すことはありません。それは、相手の私に対する期待が過剰なものになりうるということを承知しているからです。

幼少時代より冒険に満ちた人生を生き、数回にわたって死の淵をさまよいました。あらゆる困難にも拘わらず、今ここにこうして生きていることに感謝しています。

オルサー・ラマザン（Ramazan Ölçer）の生家

アンタルヤ県エルマル郡キュチュックソイレ村
ANTALYA/ELMALI/Küçük söyle köyü

(著者略歴)

オルサー・ラマザン　ÖLÇER Ramazan
　　　　　　　　　　Olcer Ramazan

1965年４月10日、トルコ南部アンタルヤ市で生まれる。

幼少時より霊感があり、12歳のとき精霊に会い、占いの才覚に目覚める。

17歳でトルコを離れ、ヨーロッパ各国で料理の修行を積み、イギリスに滞在。

その後、直感に従い来日。

トルコ料理店「ヴァッシー・アット」を開いていたが、現在は「ヴァッシーアット89（ホームページアドレス：http://www.vahsi-at89.com)」で占いに専念。

数多くの相談者に応え、問題を解決する多忙な日々を送る。

魂の視線

~光の教師からあなたへ真実のメッセージ

二〇一一年七月二十九日　第一刷発行

著　者　オルサー・ラマザン
訳　者　磯部加代子
表紙絵　画家　オルサー・和美

発行者　斎藤　信二
発行所　株式会社　高木書房

〒一一四—〇〇一二
東京都北区田端新町一—二一—一—四〇二
電　話　〇三—五八五五—一二八〇
ＦＡＸ　〇三—五八五五—一二八一

印刷・製本　日本ハイコム株式会社

乱丁、落丁は送料当社負担にて
お取り替えします。

ISBN978-4-88471-089-7　Printed in Japan